思想政治教育大数据方法研究

李染梦 著

·广州·

图书在版编目(CIP)数据

思想政治教育大数据方法研究/李染梦著.—广州：华南理工大学出版社，2023.12
ISBN 978-7-5623-7501-2

Ⅰ．①思… Ⅱ．①李… Ⅲ．①数据处理－应用－高等学校－思想政治教育－研究－中国 Ⅳ．①G641-39

中国国家版本馆 CIP 数据核字(2023)第 241744 号

思想政治教育大数据方法研究

李染梦 著

出 版 人：柯 宁
出版发行：华南理工大学出版社
  （广州五山华南理工大学17号楼，邮编510640）
  http://hg.cb.scut.edu.cn E-mail：scutc13@scut.edu.cn
  营销部电话：020-87113487 87111048（传真）
责任编辑：刘绮雯 骆 婷
责任校对：龙祈君
印 刷 者：广州小明数码印刷有限公司
开   本：787mm×1092mm 1/16 印张：8.25 字数：200 千
版   次：2023 年 12 月第 1 版
印   次：2023 年 12 月第 1 次印刷
定   价：56.00 元

版权所有　盗版必究　　印装差错　负责调换

前　言

每一位一线思想政治教育工作者对大数据一词应该都不陌生，大数据已经成为思想政治教育学术研究乃至工作实践中的热词。然而与热火朝天的呼声相对的，是具体工作实践中对方法的迷茫、对实操的困惑与对成效的渴望：大数据思想政治教育究竟是什么、怎么做？大数据在实际工作中究竟如何与思想政治教育恰当融合？大数据真的提升了思想政治教育效能吗？

带着这样的疑问审视大数据思想政治教育这一热门主题，我发现无论是理论研究还是工作实践，均将大数据思想政治教育视作一个无需解释的既定事实，然而大数据思想政治教育究竟是什么这一元问题却鲜有思考。大数据之于思想政治教育，是方法，是应用，还是技术？解决了这一元问题才能在喧嚣的研究热潮中沉淀出理论基点，为大数据真正提升思想政治教育效能奠定根基。拙作从这一问题出发，沿着思想政治教育大数据究竟是什么，其理论基点何来、如何与实践融合的思路提出了应将思想政治教育大数据视作一种方法的观点，尝试给浩瀚的思想政治教育大数据研究提供一个新的方法论视角，为思想政治教育大数据的进一步深入研究抛砖引玉。

在本书即将付梓之际，感谢陈相光教授的悉心指导，感谢编辑刘绮雯老师的尽心帮助。当然还要感谢家人的全力支持，我的父亲十六岁考入大连理工大学，一生教书育人，严谨求是，我的母亲勤劳豁达，乐观知足，他们用最温暖的爱意滋养我长大；我的爱人卢洁博士勤奋敬业，温和善良，他用最坚定的支持给予我度过每一次困难的勇气；在本书审校过程中，儿子的到来给全家带来了无尽的欢乐和希望，从此我也失去了完整的时间，但即使这样，我依然坚持完成了此书。

再一次向本书写作和出版过程中帮助我的所有人致以诚挚谢意！

李染梦

2023 年 12 月

目 录

绪论 ·· 1
  一、研究缘起 ·· 1
  二、研究综述 ·· 3
    （一）思想政治教育方法研究进展 ··· 3
    （二）大数据思想政治教育研究进展 ·· 6
    （三）大数据哲学研究进展 ··· 7
  三、研究价值 ·· 8
    （一）大数据方法有助于促进思想政治教育学科科学化 ················ 8
    （二）大数据方法有助于促进思想政治教育实践范式的转变 ········· 9
    （三）大数据方法有助于促进思想政治教育实效提升 ·················· 9
  四、研究创新 ·· 9
    （一）研究借鉴了新的研究思路 ·· 9
    （二）研究开拓了新的研究对象 ·· 10
    （三）研究运用了新的研究方法 ·· 10
  五、研究思路 ·· 10
    （一）研究框架 ·· 10
    （二）研究方法 ·· 11
    （三）研究重点及研究难点 ·· 11

第一章　思想政治教育大数据方法的基础建构 ································· 13
  一、思想政治教育大数据方法概念辨析 ·· 13
    （一）大数据概念辨析 ··· 13
    （二）思想政治教育大数据方法概念澄清 ································· 15
  二、思想政治教育大数据方法的哲学透视 ······································· 16
    （一）思想政治教育大数据方法的本质透析 ····························· 16
    （二）思想政治教育大数据方法的逻辑进路 ····························· 19
    （三）思想政治教育大数据方法的方法特性 ····························· 20
  三、思想政治教育大数据方法的理论基础 ······································· 21
    （一）思想政治教育大数据方法的哲学基础 ····························· 22
    （二）思想政治教育大数据方法的演进依据 ····························· 26
    （三）思想政治教育大数据方法的继承发展 ····························· 27

第二章　思想政治教育大数据方法的理论深化 ································· 29
  一、思想政治教育全新的主客体关系构建 ······································· 29

（一）思想政治教育主客体关系的主要观点 ……………………… 29
　　（二）大数据方法给思想政治教育主客体关系带来新变化 ……… 30
　　（三）构建大数据视域下的新型"主体际"关系 …………………… 30
二、思想政治教育大数据方法的矛盾及规律认识 ………………………… 31
　　（一）思想政治教育大数据方法的主要矛盾 ……………………… 31
　　（二）思想政治教育大数据方法的一般规律 ……………………… 33
三、思想政治教育现象与本质的统一 ……………………………………… 34
　　（一）思想政治教育一般规律的抽象 ……………………………… 34
　　（二）思想政治教育方法科学性的提升 …………………………… 35
　　（三）思想政治教育方法论研究的拓展 …………………………… 36
四、思想政治教育大数据方法的再分类 …………………………………… 37
　　（一）现有分类方法不够清晰 ……………………………………… 37
　　（二）思想政治教育方法的新分类 ………………………………… 37

第三章　思想政治教育大数据方法的时代动因 …………………………… 39

一、思想政治教育大数据方法发展的历史条件 …………………………… 39
　　（一）国内外经济社会深刻变化亟需思想政治教育方法因事而化 … 40
　　（二）思想政治教育学科发展亟待思想政治教育方法因时而进 …… 40
　　（三）科学技术更新换代要求思想政治教育因势而新 …………… 41
二、思想政治教育大数据方法发展的外部趋势 …………………………… 42
　　（一）国际组织教育大数据发展规划 ……………………………… 42
　　（二）中国教育大数据发展规划 …………………………………… 43
　　（三）美国教育大数据发展规划 …………………………………… 44
三、思想政治教育学科发展的内生需要 …………………………………… 46
　　（一）思想政治教育一般方法的逻辑范式 ………………………… 46
　　（二）思想政治教育大数据方法的认知思维 ……………………… 47
四、思想政治教育工作的全新要求 ………………………………………… 49
　　（一）三全育人视域下的协同趋势 ………………………………… 49
　　（二）遵循规律要求下的生本导向 ………………………………… 50
　　（三）政策导向下的思政工作创新 ………………………………… 51
五、思想政治教育研究的普遍期待 ………………………………………… 52
　　（一）以数字化推进思想政治教育治理现代化 …………………… 52
　　（二）以海量资源推进思想政治教育个性化 ……………………… 54
　　（三）以智能化推进思想政治教育实践智慧化 …………………… 55

第四章　思想政治教育大数据方法的实践应用 …………………………… 58

一、思想政治教育大数据方法的过程建构 ………………………………… 58
　　（一）思想政治教育大数据的数据来源 …………………………… 59
　　（二）思想政治教育大数据的采集路径 …………………………… 60
　　（三）思想政治教育大数据的采集要点 …………………………… 61

二、思想政治教育大数据方法的宏观运行机制 ………………………… 62
　　（一）思想政治教育宏观数据机制的建立 …………………………… 63
　　（二）思想政治教育大数据系统的"2＋1＋X"框架 ………………… 64
三、思想政治教育大数据方法的微观应用模型 ………………………… 66
　　（一）思想政治教育大数据方法智慧管理模型 ……………………… 67
　　（二）思想政治教育大数据方法数据化决策模型 …………………… 70
　　（三）思想政治教育舆情监测自动化模型 …………………………… 73
　　（四）思想政治教育大数据方法适应性教育模型 …………………… 76
　　（五）思想政治教育大数据方法的科学评价模型 …………………… 78
四、思想政治教育大数据方法的使用现状 ……………………………… 80
　　（一）辅导员：信息化的"受益者"、大数据的"拥护者"、实践中的"无力者"
　　　　　　　　　　　　　　　　　　　　　　　　　　　　　　…… 80
　　（二）第三方技术提供商：大数据思想政治教育方法的"保障者" … 83
　　（三）思想政治教育管理者：大数据方法的"观望者" ……………… 87
五、思想政治教育大数据方法的实施困境 ……………………………… 89
　　（一）大数据方法需要协同一体发展 ………………………………… 89
　　（二）大数据方法需要教育理念革新 ………………………………… 90
　　（三）大数据方法需要教育设施升级 ………………………………… 91
　　（四）大数据方法需要落实保障规范 ………………………………… 91
　　（五）大数据方法需要超越数据偏向 ………………………………… 92

第五章　思想政治教育大数据方法的改进思考 …………………………… 94
一、建设思想政治教育大数据方法的基础设施与保障体系 …………… 94
　　（一）必备基础：优化数据基础设施 ………………………………… 94
　　（二）保障体系：建立数据使用规范 ………………………………… 95
二、完善思想政治教育大数据方法的实践应用机制 …………………… 99
　　（一）以大数据方法促进思想政治教育评价革新 …………………… 99
　　（二）以大学工模式助力算法育人体系完善 ………………………… 106
三、形成思想政治教育大数据方法的科学评价视角 …………………… 111
　　（一）坚持思想政治教育大数据方法微观应用与整体建设相结合 … 112
　　（二）坚持思想政治教育大数据方法工具本质与价值引领相统一 … 112

结语　以大数据方法促进思想政治教育立德树人实效增强 ……………… 114

主要参考文献 ……………………………………………………………… 117

附录　受访者个人及工作情况表与访谈提纲 …………………………… 123

绪　论

2019年中共中央、国务院印发《中国教育现代化2035》，聚焦当下我国教育事业的薄弱环节和突出问题，为未来我国教育事业的发展方向锚定目标，是我国新时代教育事业的纲领性文件，描绘了未来我国教育现代化事业发展的蓝图。《中国教育现代化2035》确立了新时代我国教育事业发展的信息化方向，指出要加快信息化时代的教育变革，利用现代技术加快推动人才培养模式改革，实现规模化教育与个性化培养的有机结合，推进教育治理方式变革，促进管理精准化、决策科学化。

作为中国特色社会主义教育事业的重要组成部分，思想政治教育遵循党和国家对教育事业的总体要求，不断深化信息化改革，推进大数据、新媒体等信息技术与思想政治教育的充分结合。习近平同志指出：做好高校思政工作，要运用新媒体新技术使工作活起来，推动思想政治工作传统优势同信息技术高度融合，增强时代感和吸引力。[①] 大数据是随着信息技术革命产生的利用数据深化认知的方法，是人类认识的第四范式。大数据给人类社会带来的深刻变革广泛地引起了各领域的重视，思想政治教育学界也意识到大数据与思想政治教育结合的广阔前景，不少学者以此为背景对大数据思想政治教育展开论述，阐释大数据与思想政治教育结合的路径、优势、困境及展望。"大数据思想政治教育"成为热门研究话题，近10年来已有近3000篇相关研究成果，且研究数量逐年递增。目前，学界已充分认识到"大数据"这一新兴技术之于思想政治教育的重要实践价值，普遍认为大数据思想政治教育具有实效性、预测性、精准性的优势，对大数据思想政治教育持普遍的乐观态度。值得注意的是，虽然与大数据相关的思想政治教育研究已有广泛成果，但对于"大数据思想政治教育是什么"这一"元"问题却少有探讨，有人将大数据视作时代特征，有人将大数据视作实践方法，有人将大数据视作新兴技术……大数据思想政治教育究竟是什么？大数据方法在思想政治教育实践中的真实应用情况怎么样，在实践中遇到了哪些难点，未来的发展方向是什么？弄清了这些问题，才能更好地把握大数据作用于思想政治教育的运行规律，发挥大数据方法促进思想政治教育实效提升的重要作用。

一、研究缘起

新一轮技术革命深度开展，以大数据为代表的新兴技术深刻地改变了人类社会的认知方式、生活形态及行为方式，各行各业均在探索新时代的数据化转型。2017年国务院印发的《新一代人工智能发展规划》指出：以大数据驱动知识学习等为发展重点的人工智能将进

[①] 习近平在全国高校思想政治工作会议上强调：把思想政治工作贯穿教育教学全过程 开创我国高等教育事业发展新局面. 人民日报[N]. 2016.12.09.

一步释放历次科技革命和产业变革积蓄的巨大能量,引发经济结构重大变革,深刻改变人类生产生活方式和思维模式,实现社会生产力的整体跃升;人工智能在教育等领域的广泛应用将极大提高公共服务精准化水平,全面提升人民生活品质。① 教育领域同样被大数据技术深刻重构,2018 年教育部印发《教育信息化 2.0 行动计划》,指出要充分激发大数据等信息技术给教育带来的革命性影响,推动教育观念更新、体系重构,教育实践需要针对新问题、举起新旗帜、提出新目标、运用新手段、制定新举措。② 可以看出,大数据教育已成为新时代我国教育发展改革的战略选择,对构建教育强国和实现人才兴国具有重要意义。

《中国教育现代化 2035》中部署的教育管理智能化、人才培养个性化、教育治理能力现代化、教育决策科学化等要求与思想政治教育工作密切相关,为思想政治教育指明了发展方向。思想政治教育领域充分重视大数据、人工智能等新兴技术带来的范式变革,注重在学术研究、工作实践中充分应用新技术。大数据思想政治教育近年来成为思想政治教育学科研究的热点,在中国知网平台上以"大数据思想政治教育"为关键词进行搜索,其相关研究成果已接近 3000 篇。然而,对于大数据思想政治教育究竟是什么,目前还众说纷纭。自 2008 年《自然》杂志推出大数据专刊使大数据这一新概念得到广泛重视以来,各个领域均按照自己的理解来研究和发展大数据,但大数据还没有一个明确的定义③。信息技术学界对大数据的概念也众说纷纭,在大数据本质究竟是数据、技术或是应用的问题上莫衷一是。从信息技术角度看,大数据是指"现有技术不能处理的数据集",其本质是大量数据的集合;从实践应用角度看,大数据是决策方式的重大变革,依靠数据分析而不是直觉经验作出判断,是一种思维方式。复旦大学朱扬勇教授认为讨论大数据应从数据、技术、应用三个层面共同分析:首先大数据应在形式上表现为大量数据的集合;其次,目前已有技术可以对数据集进行开发和利用;最后,通过对数据集的开发利用可为决策提供服务。④

"大数据思想政治教育"讨论的主要是大数据的应用层面,可以理解为通过对一定社会一定阶级所需的思想品德形成过程相关数据的占有,利用信息技术对其进行开发和挖掘,从而为思想政治教育活动提供决策依据的相关方法。"大数据思想政治教育"从本质上来说是大数据技术在思想政治教育活动中的应用,是一种促进决策科学性、提升教育实效性的实践方法,将其作为一种时代特征或单纯视作一种技术均不够科学,以思想政治教育方法研究的视角展开对其的研究较为恰当。即大数据思想政治教育就是以大数据的思维、方法开展思想政治教育,以期实现教育目的的教育活动。

毛泽东曾形象地比喻:"我们不但要提出问题,而且要解决完成任务的方法问题。我们的任务是过河,不解决桥或船的问题,过河就是一句空话,不解决方法问题,任务也只是瞎说一顿。"⑤方法也就是工具,是主观方面的某个手段,主观方面通过这个手段和客体发生关系。⑥ 因此,研究大数据思想政治教育,除了要从本体论、认识论出发,明确其基

---

① 参见《新一代人工智能发展规划》,国发〔2017〕35 号文。
② 参见《教育信息化 2.0 行动计划》,教技〔2018〕6 号文。
③④朱扬勇,熊赟. 大数据是数据、技术,还是应用[J]. 大数据,2015,1(01):78-88.
⑤毛泽东. 毛泽东选集:第 1 卷[M]. 北京:人民出版社,1951:134.
⑥列宁. 黑格尔《逻辑学》一书摘要[M]. 北京:人民出版社,1965:156.

本特征、作用范式和应用实践，更要从方法论视角出发，探索大数据为思想政治教育带来的工作形态、认知方法的革新。从方法论视角研究大数据思想政治教育对明确作用范式、掌握教育规律、提升教育实效有重要意义。

二、研究综述

一个学科的建立，需要形成全面系统的理论体系，方法论是其中必不可少的重要组成部分。自 1984 年经教育部批准，思想政治教育单独成立学科以来，思想政治教育方法一直是学者们研究及关注的重要领域。

（一）思想政治教育方法研究进展

研究思想政治教育方法，必须首先明确思想政治教育方法、思想政治教育方法学及思想政治教育方法论三个核心概念。北京大学祖嘉合教授指出："长期以来，人们缺乏对这三个概念及其相互关系间的深入考察。"[①]对于"方法"这一概念，有辞典认为"方法是人们认识世界、改造世界所应用的方式与手段"[②]"方法是人们为了认识世界和改造世界，达到某种目的所采用的活动方式、程序和手段的总和"[③]。可以看出，已有研究对方法是人们认识世界、改造世界的工具和手段的总和这一观点有着较为一致的认识，根据这种共识，有研究将思想政治教育方法定义为：以思想政治教育者为主导、思想政治教育对象参与的思想政治教育活动中，使教育对象形成正确的思想观念和良好的道德品质所施加教育影响的各种方式、程序和手段的总和。[④] 也有研究称，思想政治教育方法是"教育者对受教育者在思想政治教育过程中所采用的思想方法和工作方法，或者说是教育者为了达到一定的目的对受教育者采用的手段和方式"[⑤]。根据郑永廷教授、祖嘉合教授等人的观点，研究思想政治教育方法必须明确思想政治教育方法论及思想政治教育方法两个概念。祖嘉合教授提出了"思想政治教育方法论—思想政治教育方法学—思想政治教育方法"的三级方法体系，其中思想政治教育方法论指的是思想政治教育活动中指示活动方向的根本性原则；思想政治教育方法学指的是思想政治教育方法的理论依据、实践依据、方法的功能和特点、方法的范围及使用条件、思想政治教育诸方法之间的联系、思想政治教育方法发展的趋势、从思想政治教育实践中总结和抽象出来的规律等；思想政治教育具体方法指思想政治教育过程中的方式方法、技巧等。[⑥] 郑永廷教授则认为思想政治教育方法论是在唯物辩证法指导下，为了认识和解决人们的思想、观念和立场问题，采用的由诸种方法所构成的科学体系，简单地说就是关于思想政治教育方法的理论体系。[⑦]考虑到方法具有逻辑层次，

[①] 祖嘉合. 思想政治教育方法研究中三个基本概念辨析[J]. 思想理论教育导刊, 2007(06): 41-44.
[②] 刘延勃. 哲学辞典[M]. 长春：吉林人民出版社, 1983: 129.
[③] 刘蔚华. 方法论辞典[M]. 桂林：广西人民出版社, 1998: 1.
[④] 祖嘉合. 思想政治教育方法教程[M]. 北京：北京大学出版社, 2004: 2.
[⑤][⑦] 教育部社会科学研究与思想政治工作司. 思想政治教育方法论[M]. 北京：高等教育出版社, 1999: 3.
[⑥] 祖嘉合. 思想政治教育方法研究中三个基本概念辨析[J]. 思想理论教育导刊, 2007(06): 41-44.

有哲学方法、科学方法、具体方法等几种层次，本书主要借鉴祖嘉合教授观点，从思想政治教育方法论、方法学及具体方法开展对大数据思想政治教育方法的研究。

对思想政治教育方法的研究几乎伴随着思想政治教育学科的整个发展及壮大过程。学科建立伊始，学者们对方法的研究主要侧重对具体实践方法的研究，多为对实际工作中思想政治教育工作方法及经验的罗列、交流及总结，如张洪华、杨亚平的《思想工作方法纵横谈》、王玄武的《思想政治教育方法论》等。其中《思想政治教育方法论》被认为是第一本系统阐述思想政治教育方法的专著，书中提出可以将思想政治教育方法归纳为归纳教育法、自我教育法、示范教育法等若干方法，较早地对各类思想政治教育方法进行了分类。1999年，郑永廷主编的《思想政治教育方法论》出版，该书弥补了前人研究方法论基础缺失的不足，从方法论的高度出发，构建了从哲学方法到一般科学方法、从具体学科方法再到实践方法的思想政治教育方法论体系结构，梳理了思想政治教育方法发展的历史沿革，并根据思想政治教育实施过程，将思想政治教育方法分为实施方法、评估方法、提高方法，分别展开论述。该书奠定了思想政治教育方法研究的基本框架和主要思路。2000年以后，思想政治教育方法论研究发展迅速，《当代思想政治教育方法论研究》（黄蓉生）、《思想政治教育方法教程》（祖嘉合）、《思想政治教育方法发展研究》（万美容）等一系列较高水平的专著及教材的出版，一方面深化了思想政治教育方法研究的理论根基，另一方面细化了思想政治教育方法分类。2010年后，各领域细分的思想政治教育方法研究开始涌现，如思想政治教育教学方法研究、比较思想政治教育方法研究，还有些研究从时代特征、教育对象等角度细分，出版了网络时代思想政治教育研究方法、少数民族学生思想政治教育研究方法等著作，思想政治教育方法研究的时代性和深入性不断加强[1]。

在中国知网以"思想政治教育方法"为关键词进行搜索，显示相关研究成果已有近4000篇，其中绝大多数谈的是思想政治教育实践的具体实施方法及思想政治教育方法革新的时代背景、必要性、方向及具体操作方法等。这些研究充分关注数字信息革命以来思想政治教育局面的变化，指出当代信息社会的发展改变了人类的交往方式、信息获取方式、学习方式，思想政治教育呈现主体意识强化与自我迷失共生，价值选择的层次差异与指向偏向明显，高认知水平与低行为指向并存等时代特征[2]，要通过将信息技术方法引入思想政治教育，创造与现代传媒相竞争的隐性思想政治教育，创新思想政治教育的网络载体，利用人工智能、大数据等现代技术助推思想政治方法体系。

除了思想政治教育方法的实践层面，也有部分研究从方法论的视角出发，对思想政治教育的方法层次进行归纳及分类。张国启认为，思想政治教育方法应按照逻辑层次分为规定其他层次方法方向、准则、要求的原则方法；对思想政治教育各环节起主导作用的具体方法；在思想政治教育实践中具体运用的操作方法以及具有灵活性、生动性、创造性的运用艺术和技巧。[3] 还有部分研究沿用了郑永廷提出的哲学方法、一般科学方法、具体学科方法、实践方法的架构体系，着重在实践方法领域提出显性教育与隐性教育、线上教育与

---

[1] 参见祖嘉合于2008年12月在《思想教育研究》发表的《思想政治教育方法理论研究回眸与展望》一文。
[2] 万美容. 论信息社会与思想政治教育方法的现代化[J]. 思想政治教育研究，2008，24(06)：9-13.
[3] 张国启，王忠桥. 新时期思想政治教育方法创新的理路分析[J]. 学校党建与思想教育，2010(08)：8-11.

线下教育、学理教育与情感教育、信息化教育与大数据教育等具有时代性的教育方法。祖嘉合教授则认为，思想政治教育方法应按照上位、中位、下位三个层次划分为基本方法、具体方法和操作技巧，具体方法和操作技巧以基本方法为规约，基本方法依赖于具体方法和操作技巧的实践，三者有机组合，不能割裂。

自1984年思想政治教育学科建立以来，对其方法的研究经历了由经验性的事例分析到学理性的体系建构过程，研究成果、研究数量、研究质量都取得了较大提高。但是，科学是以范畴、定理、定律形式反映多种现象的本质和运动规律①。要想使思想政治教育方法研究成为一门科学的学问，就要使其理论体系具备系统性、普适性及发展性，即思想政治教育方法理论要全面系统地反映思想政治教育方法形成、变化、发展的规律；要具备较强的普适性及概括性，能高度抽象出思想政治教育方法间的层次及内在关系；要能够根据思想政治教育主体、客体、环体的不断变化而革新，具备自我发展的生命力。万美容教授指出，方法论是一个哲学问题，思想政治教育方法论也必然是个哲学性的问题，思想政治教育方法论研究需要坚实的哲学基础。② 从哲学视角探析思想政治教育方法论，田鹏颖教授认为"思想政治教育方法形成、变化和发展的规律及思想政治教育方法的联系规律"是思想政治教育方法论研究的主要问题；万美容教授认为思想政治教育方法论的基本范畴、价值功能、体系结构及思想政治教育方法发生、发展的规律等是思想政治教育方法论研究的元问题。从这一视野看，当下不少思想政治教育方法研究存在着缺陷。

一是学术规范不足，不少研究以经验性的论述为主，缺乏系统、规范的学术研究方法应用。简单论述互联网、新媒体等时代变化，指出革新思想政治教育方法的必要性，提出若干改头换面的思想政治教育实操方法是常见的研究范式。然而科学的结论需要实证调研或数据进行支撑，方法的有效性需要经历严谨而规范的实验或实证证明，现有的大多数研究仅以论述展开全文，缺乏科学的学术方法应用，学术规范不足。

二是对思想政治教育方法论的系统研究不够，对思想政治教育方法形成、发展、变化的基本规律和方法间的联系规律研究得不够深入，对于方法的层次划分不够科学。思想政治教育方法现有研究大多集中在具体方法，经验叙述多于学理论证，有些论者把实际工作中认为重要的内容看成是思想政治教育的根本方法，把居于主导地位和从属地位的方法相混淆、把贯穿思想政治教育全过程的方法与适用于某个阶段的方法相混淆③。然而，方法体系应具有系统性，微观的实操方法随着客观环境发展而处于始终的变化之中，且由于命名和分类的不同，实操方法的列举是无穷无尽的，与汗牛充栋的微观实操方法相比，当下思想政治教育方法论对上层的形成发展规律、作用范式的研究不够透彻，方法研究系统性不足。

三是对思想政治教育方法论的基本范畴、价值功能、体系结构以及思想政治教育方法规律等元问题研究不深。④研究一项事物的前提，是明确其认识论，掌握其定义、内涵、

---

①杨建军. 科学研究方法概论[M]. 北京：国防工业出版社，2006：51.
②④万美容，洪星. 思想政治教育方法论研究：回顾与反思[J]. 思想理论教育，2014(11)：38-42.
③祖嘉合. 思想政治教育方法教程[M]. 北京：北京大学出版社，2004：7.

外延十分重要，但目前对思想政治教育方法的研究仍然较多地处于对实操的具体层面的重视，对关乎学科科学发展的基本问题，如定义、内涵、体系、层次的哲学性研究仍较为缺乏。

由此，有学者指出，思想政治教育方法研究一是要从教育方法的层次结构进一步深入，二是要追问具有一般指导意义的思想政治教育规律，三是要加强思想政治教育方法的学理性分析。笔者则认为，为使思想政治教育方法论的科学体系不断完善，理论纵深不断深入，要着重从方法论角度出发，筑牢其哲学方法基础，阐明其基本范畴，探寻方法的产生、发展、相互作用规律，理顺体系结构，以增强其科学性，更好地作用于思想政治教育实践，革新传统思想政治教育范式，提升教育实效。

(二) 大数据思想政治教育研究进展

当下，不少研究充分认识到了大数据技术的重要作用，不论是教育实践还是学术研究，都认为大数据技术在了解教育对象、辅助教育决策、评估教学效果等领域展示出广阔的前景，大数据思想政治教育成为研究热点。现有研究从研究范式看，一是以"大数据"作为定语修饰"思想政治教育"，讨论大数据条件下的思想政治教育，如《大数据时代个性化思想政治教育论析》《大数据视域下高校思想政治教育创新路径研究》；二是以"大数据"作为与"思想政治教育"并列的主语，讨论大数据与思想政治教育的交叉与结合，如《大数据融入高校思想政治教育探析》；其他更多的是将"大数据思想政治教育"作为一个名词进行整体研究，如《大数据思想政治教育研究综述》《大数据思想政治教育模式构建》等。还有些文章将大数据作为思想政治教育的实践方法，将其细化为模型建构法、数据筛查法，把其作为原有思想政治教育方法的补充进行论述。总的来说，现有研究成果主要从认识论、价值论、实践论、伦理论出发，研究大数据思想政治教育的内涵、特征、价值、实践方法及伦理风险。目前，大多数研究沿用了舍恩伯格关于大数据"利用所有数据，而不是依靠抽样""放弃精确性而依赖于纷繁复杂的数据混杂性""以对相关关系的探索取代对因果关系的证实"及"量化所有"的四点核心特征，对大数据与思想政治教育的结合做出探索。一些研究指出：大数据思想政治教育具有数据化、海量化、复杂化、动态化的特点[1]，教育活动呈现载体迷你化、信息精简化、对象细分化、结构扁平化的趋势[2]，这使得教育者变得关注数据的混杂性、注重教育过程中的相关性、树立数据思维等[3]，产生了思想政治教育量化图示理念、个性教育理念、精准研判理念[4]，为思想政治教育过程中的意识形态安全预警、教学效果改善等教育实践提供了有力支撑[5]。应该据此革新广大思想政治教育工作者的数据素养[6]，注重探索各类数据方法在思想政治教育过程中的应用，建立思想政治

---

[1] 胡子祥，余姣. 大数据时代思想政治教育载体变革及对策研究[J]. 思想教育研究，2015(02)：74-77.
[2] 刘辉. 大数据时代思想政治教育的微传播化[J]. 思想理论教育，2014(06)：81-85.
[3] 张跃聪. 大数据时代高校思想政治工作者主体行为探究[J]. 思想教育研究，2014(12)：68-72.
[4] 李怀杰，夏虎. 大数据时代高校思想政治教育模式创新探究[J]. 思想教育研究，2015(05)：48-51.
[5] 蒲清平，朱丽萍，赵楠. 大数据思想政治教育研究综述[J]. 思想教育研究，2016(03)：119-123.
[6] 张进良，李保臻. 大数据背景下教师数据素养的内涵、价值与发展路径[J]. 电化教育研究，2015，36(07)：14-19，34.

教育行为相关的数据库，掌握数据分析、预测分析、语气引擎等分析方法。[1] 有研究提出要确立定性研究与定量研究相结合的研究范式，充分发挥定量研究的积极作用。[2] 但是，也有研究对大数据作用于思想政治教育的范式提出异议，认为思想政治状况具有特殊性及复杂性，在量化研究基于假设—证实的实证主义研究范式下，思想活动能否被数据化？在大数据逻辑下，对思想政治教育有效性的因果追求能否被大数据的相关性分析所取代？归结到教育实效，思想趋势能否经历校园至社会长时间、长跨度的考验？基于上述质疑，常宴会等青年学者提出要从学理的视野阐明大数据运用于思想政治教育的理论基础、作用范式，并着重探讨大数据技术带来的思想政治教育科学化前景。还有一些学者在大数据方法基础上提出了"计算思想政治教育"，认为计算思想政治教育是融合了思想政治教育和计算科学、大数据技术及人工智能等新兴学科，以信息处理为重点、数据计算为媒介、模拟仿真为工具，对思想政治教育进行全面的数据科学研究[3]，指出计算思想政治教育将使思想政治教育由经验研究走向实证研究，从而高效、精准、科学地完成育人目标。

大数据思想政治教育域外进展方面，虽然域外没有思想政治教育这一概念，但其运用大数据技术提升教育成效，促进教育事业发展的实践已经在广泛开展。以美国为例，不少学校将大数据技术应用于促进学生发展工作。在美国高等教育扩张的大背景下，美国高等教育面临着学生数量增多与教育资源短缺相矛盾、高等学校学生低毕业率与社会高人才需求相矛盾、落后的教育信息建设与信息时代的发展需要相矛盾的现实困难。[4] 大数据技术被视为解决上述困难的重要路径，被广泛应用在精准指导弱势群体学生发展、促进个性化的适应性教育、丰富教育供给等方面，其具体应用主要体现为：量化数据的可视化呈现、行为数据的全方位展示、基于个人数据的预测性判断、用户画像技术下的适应性资源推荐……为了适应大数据方法在教育领域的使用，美国还兴建了若干数据系统、出台了系列治理文件，以夯实教育数据使用基础。数据系统方面，自2010年起，美国即投入大量资金，兴建各州与联邦政府联通的州级纵向数据系统（Statewide Longitudinal Data System）支持基于数据驱动的教育信息化基础设施建设[5]，奠定了数据支持决策在各类学校广泛开展的资源基础。治理体系方面，美国出台了《数据治理指南》《教育隐私计划》等制度保障教育数据的安全与学生隐私。总的来说，美国大数据教育除了在全数据描述、适应性教育、多元教育资源供给等方面取得了一定成效，在完善数据基础设置、完善治理制度层面也进行了布局与探索。

（三）大数据哲学研究进展

以方法论视野探讨大数据之于思想政治教育的具体实践，需要在哲学层面厘清大数据

---

[1]王林毅，于巧娥.基于大数据的教学模式探析[J].教育评论，2015(05)：114-116.
[2]胡树祥，谢玉进.大数据时代的网络思想政治教育[J].思想教育研究，2013(06)：60-62，102.
[3]黄欣荣.计算思想政治教育的内涵及理论建构[J].新疆师范大学学报（哲学社会科学版），2021，42(02)：63-72.
[4]王旭燕，孙德芳.美国高校大数据精准指导弱势学生发展研究[J].比较教育研究，2020，42(06)：50-57.
[5]唐晓玲，张力文，王正青.教育大数据战略下美国州纵向数据系统建设与运用[J].电化教育研究，2019，40(02)：123-128.DOI：10.13811/j.cnki.eer.2019.02.015.

的本体论、认识论。目前学界对大数据的哲学研究已从表象的分散研究日趋深化,初步从本体论、认识论、方法论等层面形成了对大数据的系统认识体系。

目前,学界普遍将大数据的本体论预设为世界的数据化表象,认为大数据揭示了一种新的知识进路:通过在以往难以处理的数量庞大、形势复杂、变化迅速的数据中找到其背后具有规律的"小"模式来获取新知①。段伟文教授认为大数据是"介于真实世界现象与基于数据的知识发现之间的媒介性存在",认为大数据基于"现象—表征现象—样貌表象—知识"的路径获取知识;②黄欣荣教授则援引毕达哥拉斯"万物皆数"的世界本体论,"道生一,一生二,二生三,三生万物"的中国古典哲学,以及香农的信息论的"数"认识史,以说明大数据的本体论假设是万物皆数及一切均可量化,他认为数据是信息的普适表征方式,是物质的一种根本属性,是物质与意识共同作用的结果,是人类客观知识世界即精神世界的产物。③ 还有一种代表性观点认为,大数据动摇了传统上以假说和演绎为主要模式的科学方法,促使以归纳法为主要路径的经验主义模型成为可能,贾向桐教授认为在新经验主义中"数据成为新范式的中心,并且它和经验、理论以及模拟相并列,共同形成所谓的现代科学方法论的连续统一体。"④

从数量层面看,当下对大数据思想政治教育的研究数量不少,对大数据的哲学认识也有一定成果。然而绝大多数研究都默认"大数据思想政治教育"的概念、定义、基本范式已成为共识,很少有研究提出"大数据思想政治教育"究竟是什么?大数据作用于思想政治教育的基本范式是什么?思想政治教育大数据方法的实践、研究、发展的理论根基是什么?大数据思想政治教育的基本实践形态是什么?这便是本书的研究契机。

三、研究价值

随着信息技术革命对人类社会的影响日益深刻,人们思想政治状况愈发多样,传统思想政治教育活动的协调、组织、实施、评估方案已经难以适应时代的需要。与其他学科相比,在很长一段时间里,思想政治教育学主要依赖感性的个体经验,缺乏科学学科体系所需要的系统性、学理性研究。大数据时代,人类可以通过利用全面数据探索各项事物的规律,对思想政治教育大数据方法进行深入研究,这是思想政治教育学科科学化的有力助推,也将对新时代思想政治教育实效提升起到较大作用。

(一)大数据方法有助于促进思想政治教育学科科学化

开展思想政治教育大数据方法研究,有助于促进思想政治教育学科科学化。科学化一直是思想政治教育学科追求的目标。所谓科学,是"认识规律"和"运用规律"的实践活动,科学化指的是"对规律的认识和运用从自发到自觉、从局部到整体、从不完善到完善的过

---

①②段伟文. 大数据知识发现的本体论追问[J]. 哲学研究,2015(11):114-119.
③黄欣荣. 大数据的本体假设及其客观本质[J]. 科学技术哲学研究,2016,33(02):90-94.
④贾向桐. 大数据的新经验主义进路及其问题[J]. 江西社会科学,2017,37(12):5-11.

程"①。科学的方法论体系既包含微观的实操层面，也包括抽象的理论体系。大数据思想政治教育理论体系的研究从学理视角出发，厘清体系内的逻辑起点、理论框架及层次分布，分析思想政治教育大数据方法的基本范式、特征及规律，从而把握思想政治教育的一般规律，形成具有整体思考功能的理论体系。科学化既是理论的科学化，也是方法的科学化。大数据方法研究深化了思想政治教育方法论体系，强化了对思想政治教育实践方法的逻辑认知，对促进思想政治教育学科科学化具有鲜明意义。

（二）大数据方法有助于促进思想政治教育实践范式的转变

开展思想政治教育大数据方法研究，有助于使大数据思想政治教育由原来的经验为主的范式向科学性范式转变。不少思想政治教育方法以具体的、个别的方法技巧和实践过程为研究对象，尚未完成研究方法从个别实践向一般规律的转化。而一门学科的研究成果之所以被称作是科学，主要就是靠研究方法保证的。② 大数据方法以量化的数据形式全面、客观地表征思想政治教育规律，是促进思想政治教育由经验范式向循证范式转变的重要助推力量。

（三）大数据方法有助于促进思想政治教育实效提升

开展思想政治教育大数据方法研究是促进新时代思想政治教育提质增效的重要路径。思想政治教育以解决人的思想、观点、立场问题为目标，有效性是其关键因素。思想政治教育的有效实施以对教育方法的科学认识和恰当实施为前提。以大数据方法开展思想政治教育实践能更好地为思想政治教育实践提供普遍性、规律性指导，实现对思想政治教育对象、过程、评价的更准确认识，更深刻地反映思想政治教育基本规律，从而促进大数据时代思想政治教育实效的提升。

四、研究创新

已有不少学者以思想政治教育大数据为对象开展了研究。然而上述研究绝大多数是基于个别的、实操的具体方法，目前，思想政治教育大数据仍然需要方法论层面的有力指导。本研究在研究思路、研究对象及研究方法等层面有所创新，为思想政治教育大数据研究贡献全新视角。

（一）研究借鉴了新的研究思路

作为人文社会学科，一直以来思想政治教育研究大多采用思辨方法，较少借鉴、采用自然科学的实证主义、诠释主义路径。大数据方法作为信息技术发展的全新产物，为思想政治教育提供了思辨方法、实证主义方法、诠释主义方法相结合的研究思路。在常见的思

---

① 杨晓慧. 中国70年思想政治教育科学化发展[J]. 社会科学战线，2019(10)：1-8.
② 佘双好. 思想政治教育的科学研究现状、特点及发展趋势探析[J]. 思想理论教育导刊，2009(10)：83-89.

辨方法基础上借鉴和采纳量化研究方法、质性研究方法，能极大地开拓思想政治教育的研究思路，扩展其方法体系，有力地促进思想政治教育方法体系的科学化发展。

（二）研究开拓了新的研究对象

诚然，已有不少研究以思想政治教育大数据为研究对象，然而这些研究大多是基于个别、具体的操作性视角，缺乏对思想政治教育大数据方法的哲学基础、范式特征、作用路径的方法论层面的认识。方法论是思想政治教育活动中指示活动方向的根本性原则，应该具有一般性、规律性的指导意义。本研究开端便从思想政治教育大数据方法的基本概念、哲学透视、理论基础及内涵等层面对大数据方法进行了方法论视野的建构，有力地为思想政治教育大数据方法实践夯实了理论基础。

（三）研究运用了新的研究方法

思辨法、文献法是思想政治教育研究常见的研究方法。在上述方法基础上，本研究充分借鉴大数据方法的全新技术，运用了 Python 计算机语言编程、高频词提取、数学建模、数据挖掘等技术解决了思想政治教育认识、思想政治教育实践中的问题，是思想政治教育传统方法与大数据方法有机统一的尝试与探索，为思想政治教育实践增进实效的全新路径提供了初步参考。

五、研究思路

大数据思想政治教育既是信息时代思想政治教育革新的实际需要，也是国家策略、教育方针明确提出的发展方向。对其方法论的研究有助于促进思想政治教育学科数字化时代的科学化建设，也有助于深化大数据方法在思想政治教育实践中的指导作用，从而促进思想政治教育实效的提升。

（一）研究框架

研究一项事物，首先要明确其认识论。本书以"大数据思想政治教育是什么"为研究起点，首先在绪论中探讨思想政治教育大数据方法的研究缘起及研究综述等。第一章主要阐述思想政治教育大数据方法的定义、内涵、特征、理论基础等问题。第二章从理论层面论述大数据方法给思想政治教育理论带来的全新变化。第三章阐述思想政治教育大数据方法的时代背景：首先梳理了智慧教育时代全球各国对大数据教育发展的政策与展望，其次总结了党的十八大以来党和国家对思想政治教育工作颁布的文件及重要讲话，明确了新时代思想政治教育工作的目标和要求。第四章从实践层面谈大数据方法，剖析思想政治教育大数据方法的作用过程、作用路径，并构建大数据方法微观应用的五种基本模型。另外在对思政课教师、思想政治教育辅导员、学生工作管理者等对象进行充分调研的基础上描述当下思想政治教育大数据方法应用的现实情况与实施困境。第五章在思想政治教育大数据方法深度应用的基础上，提出对思想政治教育大数据方法的改进与思考，提出思想政治教育大数据方法的深度应用仍需推进其基础设施与保障体系建设，需要以促进思想政治教育评价方式革新、构建一体化学生发展中心等举措完善其实践应用机制。最后，在剖析大数据方法面临数据安全、算法黑箱等潜在风险的基础上，提出要对思想政治教育大数据方法进行再评价，充分认识思想政治教育大数据方法的短期效果与长期建设需要的辩证关系，牢固树立大数据方法的"工具观"，发挥思想政治教育价值引领的本质功能。

(二) 研究方法

为了增进研究的科学性，本书采取了质性与量化相结合的研究范式，既使用思辨法、文献法等质性研究方法对大数据思想政治教育的理论依托、核心概念、作用范式等进行建构，又使用了访谈法、调研法、举例法对大数据思想政治教育的运用现状及实际操作进行了分析，并运用大数据的实证方法对当下思想政治教育过程中具有代表性的突出问题进行了举例研究。

(三) 研究重点及研究难点

现有研究重视思想政治教育大数据方法微观、个别层面的实际运用，缺乏具有抽象、普遍意义的范式总结。本研究的重点，一是要从具体的大数据思想政治教育实践中提炼具有普遍意义的思想政治教育大数据方法的规律，二是在其基础上总结方法论意义层面思想政治教育大数据方法的作用范式，三是系统地建构思想政治教育大数据方法的层级及分类，四是在实证调研的基础上描绘当下思想政治教育各个环节大数据运用的实践情况。

目前学界从方法论视角研讨大数据思想政治教育的成果还不多，开展此项研究将会遇到一些困难。首先，研究参考借鉴不足是主要难点之一。与微观的实操研究相较，思想政治教育方法论的理论依据、哲学基础、层次分类及其产生、发展、变化规律的研究较为薄弱，导致大数据思想政治教育方法论研究在开展的过程中缺乏可以参照的研究范式，需要先从学理层面对思想政治教育的概念、特征、方法体系进行归纳总结，为探索思想政治教育大数据方法的基本范式奠定基础。

其次，从宏观视野构建思想政治教育大数据方法的基本范式是本研究逻辑顺承中的关键节点及逻辑难点。掌握大数据思想政治教育的基本范式是提出具有一般性的规律和具有指导意义的方法论的前提，这需要在现有的微观的思想政治教育实践经验的基础上提炼总结思想政治教育大数据方法形成、发展、变化的规律及方法间的联系，需要较强的逻辑建构思维，要在充分了解、掌握大数据思想政治教育实践的各种做法及现象的基础上展开。

再次，破解思想政治教育学科一直以来的研究范式壁垒，促进经验研究范式和实证研究范式差异的调和与融洽也是研究的难点之一。一直以来，思想政治教育研究主要采用哲学思辨、经典文献、经验总结、历史研究、比较研究等方式进行，个别学者采用实证研究，几乎没有学者对思想政治教育现象进行规范的实验研究[①]。可以说，经验研究与思辨研究是思想政治教育学科的主流研究范式，调研、实验等量化的实证研究范式仍然没有被

[①] 佘双好. 思想政治教育的科学研究现状、特点及发展趋势探析[J]. 思想理论教育导刊, 2009(10): 83-89.

大规模采用。然而，思想政治教育大数据方法的基本范式以实证范式的量化研究为主，"一切皆可量化""一切皆可数据化"是其核心观点，这一研究范式极大地冲击了思想政治教育原有的重思辨、轻实证的研究传统。如何在吸收、继承思想政治教育传统方法的基础上，恰当地促进实证研究范式与其融洽是本书的另一大难点：既要发挥实证研究范式注重数据、讲求实证、追求科学化的优势，又要规避"数据决定论""技术的单向度"等弊端，促进两种研究范式有机结合，实现思想政治教育的实效提升。

此外，整个研究还面临着抽样、调研、访谈、焦点小组等实证研究方法在思想政治教育研究思辨研究传统中的适应性困难。

第一章　思想政治教育大数据方法的基础建构

建构思想政治教育大数据方法的整体体系是一项系统性工程，其中的基石是明确"大数据""思想政治教育大数据"等核心概念的定义、内涵、特征。大数据、大数据思想政治教育的提法耳熟能详，但其究竟是什么却鲜有人能完全说得清。只有先从认识论的视角厘清什么是大数据、什么是思想政治教育大数据，才能为思想政治教育大数据方法科学体系的建构奠定坚实的研究基础。

一、思想政治教育大数据方法概念辨析

目前，思想政治教育大数据成为学界的研究热点，不少研究紧跟信息化技术的发展热潮，探讨思想政治教育与大数据结合的路径、功能与前景。然而，现有研究在提及相关话题时还缺乏统一的说法，一些研究将其称为"思想政治教育大数据"，一些研究称之为"思想政治教育大数据方法"，思想政治教育大数据究竟是什么这一问题，亟待澄清与明确。

(一) 大数据概念辨析

大数据是一个组合词语，来源于"大"和"数据"的组合，要辨别什么是大数据，首先必须明确什么是数据。"数"对于人类来说并不陌生，从毕达哥拉斯学派的"万物皆数"开始，人类就有了将"数"视作世界本源的看法。而"数据"则是伴随着实验科学的兴起而兴起的，是在科学实验或调查研究中用以表征事实的载体。随着人类文明的发展，数据的内涵在不断扩大，越来越多研究认为符号、文字、数值、数量乃至比特序列都可以被认为是数据。也就是说，数据被认为是包含文字、图形、数字等多种形式，用于表征现象的客观存在。也有研究狭义地将数据定义为"可以为二进制表示并能储存在计算机中的信息片段"。[①] 基于上述定义可以得知，数据有三重基本的内涵：数据可以转化为二进制；数据是人类表征事实的途径；数据是信息的表达载体。

在了解了数据的内涵的基础上，接着剖析大数据的概念。大数据与数据的区别在于一个"大"字，如何理解其大，学界认为其具有"3V"的特征，即规模性(volume)、多样性(variety)、高速性(velocity)。在此基础上，国际数据公司认为大数据还应具备价值性(value)，由此形成了普遍认同的大数据"4V"特征[②]。但对于大数据的概念是什么，目前众说纷纭，尚无明确定论。有研究认为大数据是大量数据的集合，也有研究认为大数据是思维方式从经验导向向数据导向的转变，即思维方式的一种转变。《科学》杂志的大数据专

[①] 董春雨，薛永红. 大数据哲学：从机器崛起到认识方法的变革[M]. 北京：中国社会科学出版社，2021：33.
[②] 孟小峰，慈祥. 大数据管理：概念、技术与挑战[J]. 计算机研究与发展，2013，50(01)：146-169.

刊认为大数据代表着人类技术和认知能力的进步，它指的是数据集的规模太大，以至于无法在可容忍的时间内用当前的技术、方法和理论去获取、管理、处理的数据。① 李国杰院士在《科学》的概念基础上对其做了进一步优化：大数据是指无法在可容忍时间内用传统IT技术和软硬件工具对其进行感知、获取、管理、处理和服务的数据集合。② 李国杰院士肯定了大数据作为大量数据集合的基本属性，还从应用、思维方式等层面提出了对大数据的思考：一是大数据方法具有技术性内涵，在提升科研和生产效率方面展示了巨大前景；二是大数据具有方法论内涵，认为大数据引起了科学研究思维与方法的革命。也有观点认为，用"无法处理"定义大数据与基本事实有出入，现实中利用现有方法处理、分析大量数据的技术也在大数据概念范畴之中。因此，从技术层面理解大数据，普遍观点认为其是"用最大化计算能力和算法的准确性来收集、分析、链接、处理较大规模的数据集。"③

复旦大学朱扬勇教授认为大数据应从数据、技术、应用三个层面共同分析，大数据首先应在形式上表现为大量数据的集合；其次，目前已有技术可以对数据集进行开发和利用；最后，通过对数据集的开发利用可为决策提供服务。④ 通过梳理李国杰、朱扬勇等业界专家对大数据的定义及对内涵的分析，可以看出大数据有数据、技术、应用三个层面的内涵。从基本属性讲，大数据仍然是数据，是大量数据的集合；从开发层面来说，大数据要具备开发利用的潜质。有了这两项的基础，大数据在应用层面为决策提供服务，是一种以数据为依据的认知方法。针对大数据的定义，目前学界基本达成了从特征、技术和对人类认识论改造三个层面意义共同分析的共识：在特征层面主要强调大数据的"大"，即大量数据的集合；在技术层面主要强调大数据通过高速运算处理大量数据的技能；在认知方法层面则以图灵奖得主吉姆·格雷认为大数据是"第四研究范式"的提法为主。格雷认为第四范式是一种系统性方法，不仅是科研方式的重大转变，也是思维方式的巨大变化，代表了人类认知方法的演进⑤。因此，本书侧重于从大数据对人类认知方法改变的层面入手，将大数据定义为：通过对包含大量数据的数据集进行开发和利用获取对客观事实更精确的表征，以促进人类认知的实践。

明确了大数据的概念后，还要继续明确大数据的本质。数据是人类表征事实的载体，这一内涵便圈定了大数据的本质的基本范围，即大数据也是人类表征事实的一种手段，只不过是运用了自动化算法这一全新技术，其本质上依然是从特殊到一般的思维加工过程，是人类依托自动化算法技术更快速、全面、准确地表征事实，继而从普遍中凝练出一般规律的认知方法。大数据方法体现了人类认识发展过程中对普遍性规律的始终追求，是人类认识方法由经验到理论再到模拟与计算，进而上升至"第四范式"的生动体现。

---

①③转引自董春雨、薛永红. 大数据哲学：从机器崛起到认识方法的变革[M]. 北京：中国社会科学出版社，2021：33.

②⑤李国杰，程学旗. 大数据研究：未来科技及经济社会发展的重大战略领域——大数据的研究现状与科学思考[J]. 中国科学院院刊，2012，27(06)：647-657.

④朱扬勇，熊赟. 大数据是数据、技术，还是应用[J]. 大数据，2015，1(01)：78-88.

(二)思想政治教育大数据方法概念澄清

前文已经指出,大数据有数据集合、自动化高速运算及全新认知方式三个层面的内涵,在这一前提下,我们要继续辨析在已有研究中经常出现的"思想政治教育大数据"的具体所指。"大数据是一种全新的认知方式"属于认识论范畴。认识一词,若作名词,意为一定对象的观念表现形式;若作动词,意为人所特有的以观念方式把握对象的活动。认识论的根本问题是"人对对象的认识何以成为可能和如何达到科学"。[①] 人们普遍认为,认识论是近代哲学的普遍问题,大数据作为一种全新的认识方法,从认识论层面回答其如何认识客观世界并证明其科学性是合理的必然要求。因此,讨论思想政治教育大数据也必须从认识论视野出发,探究大数据如何把握和再现思想政治教育的客观事实并实现对立统一。

认识以获取普遍必然性的知识和真理为根本目的,那么认识从哪里来、如何获取便成了认识论需要回答的核心问题。近代认识论的"唯理论"与"经验论"的分野便由此处展开。经验派强调普遍必然性知识起源于感觉与经验,理性派则认为普遍必然性知识来源于理性本身。但需要指出的是,尽管经验派和理性派在普遍必然性知识的来源问题上存在着尖锐的对立和争论,但两者在对待经验和理性的态度上存在着相互渗透和交错的情况。[②] 正如弗朗西斯·培根所说:历来处理科学的人,不是实验家,就是教条者,狭隘的经验主义者是蚂蚁,只会采集和使用;教条主义者是蜘蛛,只凭自己的材料来织成丝网。只有蜜蜂是采取中道的,在庭院的花朵里采集材料并用自己的能力加以消化。[③] 因此,获取普遍必然性知识不能割裂经验主义与理性主义的渗透与联系。在已有研究中,一些学者以狭隘的经验主义视角解读大数据,认为大数据时代数据可以取代一切,世界的本质是混乱的又是数据的,[④] 大数据的发生使得以假设和演绎为中心的科学方法论失效了。[⑤] 显然,这样的观点即是培根所指的狭隘的实验家,陷入了"只会采集和使用"的窠臼之中。在看到大数据内部展示的关联性预测的重要意义的同时,仍然要看到原有的以假设和演绎为主的科学范式与理论的巨大作用,构建理论模型与数据经验共存的认知实践体系。

理解了大数据的认识论内涵,有助于帮助我们辨清思想政治教育大数据是什么。沿用图灵奖得主吉姆·格雷提出的,大数据是引发科研方式和思维方式重大变化的"第四范式"的概念,我们可以将思想政治教育大数据视作以大数据的方法认识、释义、表述客观存在的思想政治教育规律的实践。这种认识实践渗透了经验主义与理性主义的联动,既注重从数据本身获取思想政治教育规律的普遍表达,又遵循原有的假设与演绎的科学方法,是在原有认识方法上对思想政治教育规律认识路径的更新与完善。必须要指出的是,大数据的出现没有改变我们认识思想政治教育规律的路径,只是优化了方式,思想政治教育规律不是在大数据中产生的,只是以大数据为表征,思想政治教育大数据是人们表征思想政治教育规律的一种方法或路径。

---

① 欧阳康. 哲学研究方法论[M]. 武汉:武汉大学出版社,1998:202.
② 欧阳康. 哲学研究方法论[M]. 武汉:武汉大学出版社,1998:242.
③ 培根. 新工具[M]. 北京:商务印书馆,1984:12.
④ 齐磊磊. 大数据经验主义:如何看待理论、因果与规律[J]. 哲学动态,2015(07):89-95.
⑤ 贾向桐. 大数据的新经验主义进路及其问题[J]. 江西社会科学,2017,37(12):5-11.

在明确思想政治教育大数据的本质后，我们可以从词语结构的角度入手，给思想政治教育大数据方法下定义。从组成方式看，思想政治教育大数据是一个词组，"思想政治教育"作为定语限定大数据，意指大数据应用下的思想政治教育。根据大数据用以表征事实的基本定义，参照大数据的内涵层次，我们可以将思想政治教育大数据方法定义为基于思想政治教育认识、实施、评估等过程中产生的大量数据，通过数据挖掘、决策树、人工神经网络等技术对数据表征进行分析、利用，获得思想政治教育规律，从而实现思想政治教育科学化、精准化、高效化的手段或者路径。

二、思想政治教育大数据方法的哲学透视

从哲学层面来说，认识论与方法论紧密相连，不可割裂。因为谈及认识就不能不谈获取科学认识的方法。因此，以方法论的视角审视大数据给思想政治教育实践及理论带来的变革是妥当且必要的。

（一）思想政治教育大数据方法的本质透析

上文从认识论视野辨析了思想政治教育大数据的基本内涵，确立了思想政治教育大数据是人们表征思想政治教育规律的一种方法或路径的基本观点。那么，谈及认识论，就不得不提及方法论，因为科学合理的方法是认识活动得以展开、认识目的得以实现的必要条件。[①] 我们以大数据方法表征思想政治教育规律的根本目的就在于实现思想政治教育目标、提升教育成效。此外，在认识论尚未完全独立时期，认识论与方法论本来就紧密地融为一体，不可分割。再次，考虑到思想政治教育高度的实践性和目的性特征，从方法论视野研究大数据如何改变思想政治教育规律及实践，从哪些路径促进了思想政治教育实效的提升最为妥当。因此，本书在大数据思想政治教育宽泛的研究范围内选择以方法论为切入点。

方法是客观规律的主观应用，是主体接近、达到和改变客体的工具和桥梁。在探索的认识中，方法也就是工具，是主体方面的某种手段，主体通过这个手段与客体发生关系，并达到对于客体的观念把握。[②]方法是"人们在自己的活动中，为实现特定目的，遵循主体和客体统一的规律制定的，用以把握、改造客体的主体行为的规则、程序、途径等方法的总称。"[③]在汉语中，方法是"方"和"法"的结合，方的涵义是道，法的涵义是术，用现代汉语来解释即为如何做的意思。英语中的方法来源于希腊语"道"和"路"的结合，意为沿着某条道路前进。黑格尔则指出：方法就是工具，主体通过这个工具与客体相联系。

根据上述对方法的各种定义，我们可以认为：方法是对客观规律的主观应用，既为客观事实所制约，也根据工作对象的特点及世界的发展不断变化，既富于客观性，又有发展性、多样性。思想政治教育方法即是其客观性与发展性的辩证统一，是教育者在思想政治教育过程中对受教育者采用的各种手段和方式的总和。大数据方法自然也是思想政治教育

---

①②欧阳康. 哲学研究方法论[M]. 武汉：武汉大学出版社. 1998：244.
③杨春贵. 马克思主义与社会科学方法论[M]. 北京：高等教育出版社，2012：10 - 12.

方法的一种。

大数据技术虽然是第四次技术革命的全新产物,但思想政治教育大数据方法并不是无源之水,其仍然是思想政治教育者一直以来遵循的世界观、方法论、认识论等的具体体现,遵循思想政治教育一直以来的基本规律,没有因为大数据等全新技术的应用而改变其思想政治教育方法的本质。应该把握思想政治教育大数据方法工具性和价值性的有机统一,坚持将大数据方法视作实现思想政治教育立德树人价值目标的工具,杜绝技术决定论等不当观点。

1. 思想政治教育大数据方法的工具性本质

方法是人们为了认识世界和改造世界,达到一定目的所采取的活动方式、程序和手段的综合。是"在给定前提下,为达到一个目的而采用的行动、手段和方式"。①

从马克思主义基本原理看,马克思主义坚持从"所要完成工作的原理由谁决定"的立场判断新技术的根本属性。马克思主义诞生于工业革命机器化大生产推动生产关系大变革时期,与大数据促进生产相类似,19世纪机器的大规模应用也对生产力发展起到了极大的促进作用。虽然马克思在当时无法预知大数据技术,但其高度关注工具、机器、技术在生产力发展、生产关系变革中起到的关键作用,形成了马克思主义技术观,对今日大数据的广泛使用仍然具有较强的指导意义。

一些学者援引"工具是简单的机器,而机器是复杂的工具"论证工具、机器、技术的同质化:"人本质对象的物体系是人基于对器官功能的理解及对物体系逻辑的把握将复杂过程化解为简单过程"。② 事实上,这句话是马克思引用的"英国力学家"的观点,原文是"就像在英国的政治经济学家中一样,在英国的力学家中,可以遇到这样一群人,他们认为,机器与工具没有本质的区别,工具是简单机器,而机器是复杂的工具。或者说,两者只有简单机器和复杂机器之分。"马克思引用拜比吉关于机器的论述对上述观点进行了反驳:"拜比吉并不是从这种意义上把'由一个发动机推动的所有这些工具的组合'叫做机器"。③ 可见,虽然工具与机器作为人类生产技术发展不同阶段的产物具有一定的同质性,但马克思认为两者之间仍然存在差异。还有一些观点认为"机器与工具的区别在于,工具的动力是人,机器的动力是畜力、机械力等等,总之是异己的(不是作为人的特性而为人所固有的)自然力"④。马克思同样不以为然,并以珍妮机、织袜机等由人推动的机器为例反驳了这样的观点。

马克思究竟如何剖析随着技术发展陆续出现的工具与机器等劳动资料间的差异?针对这一问题,他本人指出,并无意于"工具与机器之间在工艺上的确切区分"⑤,而是采用了超越对象化的视野,肯定了拜比吉关于机器是"在同一种商品的工厂手工业生产中用来完成不同的独立操作的、因而由不同的工人使用的那些工具的组合"的观点,并进一步阐释"从工具本身承担了以前用手完成的操作的时候起……脚踏式纺车便转化为机器……虽然

---

① 万美容. 思想政治教育方法发展研究[M]. 北京:中国社会科学出版社,2006:10.
② 涂良川. 《资本论》机器观视域中的人工智能[J]. 理论探讨,2022(02):132-138.
③ 马克思. 机器、自然力和科学的应用[M]. 北京:人民出版社,1978:52-52.
④⑤ 马克思恩格斯全集:第三十七卷[M]. 北京:人民出版社,2019:34.

工作机本身仍然由人力推动……但工人的手只是用来纠正工具的差错。工具变成纺纱工……"①。可以看出，马克思认为是否由人力驱动不是区别机器和工具的关键因素，两者间的核心差别在于"所要完成的工作的原理由谁决定"，即"自从由人直接参加的生产过程转为只起简单的动力作用的时候起，所要完成的工作的原理便开始由机器来决定了。"②

那么，沿着马克思的技术思想追问思想政治教育大数据的本质，其答案就在于：这取决于所要完成工作的原理由谁决定，即思想政治教育大数据的核心——算法由谁决定。如果大数据算法由思想政治教育者决定，那么大数据作为思想政治教育者的工具和延伸，起到提升效率、促进发展的工具性作用；若大数据算法并非由教育者而是由别的什么人或物掌握，思想政治教育者仅作为数据统摄的思想政治教育过程的环节之一，那么思想政治教育大数据则演变成一台将教育者、教育对象异化为数据规定下的"有意识的肢体"③的数据机器。因此思想政治教育立德树人目标的达成要坚持思想政治教育大数据的"工具观"，由思想政治教育者决定算法原理；坚持践行思想政治教育的根本目的在于提高人的思想道德素质、促进人的全面自由发展④的核心原则。无论是教育者或教育对象被异化成由数据机器主导的"有意识的肢体"都与思想政治教育根本目的相背离。要树立大数据在思想政治教育应用过程中的工具地位，坚持马克思将机器视为人类全面自由发展的延伸与助推而并非将人类变成机器的技术观，使大数据成为思想政治教育增进实效、促进发展、提升效率的助力与延伸。

可以看出，方法是人类认识和改造世界的工具，与"人"紧密结合在一起，是"人"达成目标的手段和途径，其主体是人，不存在超越"人"这一主体的方法，具有鲜明的工具性本质。

因此，理解思想政治教育大数据方法要明确其工具性本质，方能明确大数据方法中教育者的主体地位。随着大数据技术的发展，人工智能、仿真机器人等技术逐步应用于各大领域，"技术取代人类""人成为技术的奴隶"等声音偶有听闻。这样的论断忽视了思想政治教育大数据方法的工具性内涵，没有认识到人在方法改造现实的社会实践中的主体地位。方法表现为人的活动，并随着主体与客体的变化而变化，这是由事物实践发展的基本规律决定的。方法由人主导，随实际情况变化而变化，与主体和客体的实践紧密相连，随着人主体实践和客观现实的停止而消失。故而，要始终把握思想政治教育大数据方法的工具性前提，摒弃方法超越人进而主导实践的错误认识，规避大数据方法超越思想政治教育者成为教育主体的异化现象。

2. 思想政治教育大数据方法的价值性本质

思想政治教育大数据方法是思想政治教育主体与客体间的中介，是教育者的主观目的与现实实践的辩证统一。思想政治教育大数据方法以实现思想政治教育目标为主要目的，即使教育客体形成与一定社会要求相适应的思想品德，进而促进人的自由全面发展。教育

---

①马克思恩格斯全集：第三十七卷[M]．北京：人民出版社，2019：36．
②马克思恩格斯全集：第三十七卷[M]．北京：人民出版社，2019：37．
③王伯鲁．《资本论》及其手稿技术思想研究[M]．成都：西南交通大学出版社，2016：105．
④陈万柏，张耀灿．思想政治教育学原理[M]．北京：高等教育出版社，2015：79．

目的为社会现实所决定，受世界观、方法论制约。因此，新时代我国思想政治教育以中国特色社会主义进入新时代我国社会主要矛盾转化为人民日益增长的美好生活需要和不平衡不充分的发展之间的矛盾为基本客观现实，以落实立德树人根本任务为核心目标，其关键在人，"人"是思想政治教育方法的最高价值取向，是所有思想政治教育方法的一致指向，是方法达成的最终目的。因此，思想政治教育大数据方法自然也以"人"的价值为根本导向，以实现立德树人目标为核心目的。要充分把握思想政治教育大数据方法的人本主义的价值内涵：思想政治教育大数据方法的主体是人，其客体也是人，通过大数据方法将其二者连接，人的本质有生物性、实践性、社会性三个层面的属性，大数据方法能采集、记录、分析其生物性、实践性数据，并依据社会性属性对人进行分析和预测，是人的本质三层次内涵的有机集合和实践载体，是实现价值的重要路径。

明确了思想政治教育大数据方法的人本导向，即明确了思想政治教育大数据方法的价值规定：以人的自由全面发展为最高价值追求，以促进人的劳动能力发展、人的社会关系全面发展和人的个性全面发展为基本方向。也可以由此将思想政治教育大数据方法的价值本质归纳为三个层次：第一个层次为通过大数据技术促进教育个体劳动能力的提升与发展；第二个层次为以大数据技术的偏好分析、数据记录等促进教育个体在社会关系中的融洽与发展；第三个层次是通过大数据技术的全面分析，帮助客体探寻自我、发展个性，进而实现三个维度共通的自由发展目标。

(二) 思想政治教育大数据方法的逻辑进路

"人类很早就有了解一个人自身情感和行为的欲望和洞察世界奥秘的欲望，所以人类在所有文化阶段都不断力图探究自己行为的动机。"[①]作为具有主体意识的人类，其探究自身与自然奥秘的欲望始终存在，其认识方法也在不断发展。从认识史的角度考察人类认识自我与自然的路径，有学者提出人类思维与逻辑的形成和发展经历了三个主要阶段，分别是"感知—运动思维""具体—形象思维"与"抽象—概念思维"。[②]

"感知—运动思维"是人类思维的原始阶段，人们只能通过具体的常识性的活动形成认识，这种认识基于神经生理认识，是个别与孤立的。因此"感知—运动思维"与具体的实践活动相依随，认识随运动的停止而停止，是具有对象和认识不可分离性的孤立的认识活动。

"具体—形象思维"又叫表象性思维，是在"感知—运动思维"基础上人类观念逻辑的深化。"具体—形象思维"是人们在大量的重复性工具生产中形成的工具功能逻辑和使用工具的活动逻辑，促使人们将对象、工具、活动分开又在观念中联系，继而形成手势、图像、语言等表象性符号的逻辑深化过程，是一种以表象为基本单位和基本工具的思维方法。[③]"具体—形象思维"实现了人类思维由对象和认识不可分离的非语言表象向语言表象发展，是表象思维到抽象思维的重要过渡。

---

① 博厄斯. 原始人的心智[M]. 王星, 译. 北京: 国际文化出版公司, 1989: 122.
② 夏甄陶. 认识发生论[M]. 北京: 人民出版社. 1991: 438.
③ 欧阳康. 哲学研究方法论[M]. 武汉: 武汉大学出版社, 1998: 115.

"抽象—概念思维"是以概念为基本工具的思维。① 概念是对事物本质和普遍规律的概括。是一种从多到一的认识方式,即将事物的"多"种差异性去除,留存其"一"种普遍的共性。思维可以在不改变对象的现实存在状态的前提下,在观念中对对象加以分解、组合、从事思维操作,这就是抽象的符号思维,是文明思维的重要特征,当概念思维再进一步进行高度抽象并且达到哲理层次时便形成了哲学思维。②

在思维模式演进的基础上,人类思维表现经历了由不自觉的自我中心化向客观反思,由情感联想到理性批判,由图像、动作等直观表象符号向语言、概念等抽象概念符号演变的发展过程。可以看出,人类在自身进化过程中始终在不断追求认识自然和实践的根本规律、不断超越极限、追求更高层次抽象、更好地把握客观世界的本质。正是沿着这样的逻辑思维进路,思想政治教育方法在由表象走向概念、由个别走向一般、由情感走向抽象的道路上不断深化对思想政治教育一般规律的认识。

大数据方法在二进制数的基础上进一步抽象了思想政治教育规律的信息表征,以高度抽象的字节和比特作为符号,是对已经经历了高度抽象的"以数表物"的数学的进一步抽象。大数据方法高度吸纳了近代科学体系建立以来形成的归纳逻辑和演绎逻辑,在思想政治教育一般方法的思辨逻辑基础上引入了实证主义研究范式,通过假设—证实与演绎预测的量化研究路径实现了以字节和比特对思想政治教育规律的抽象化表达,为指导思想政治教育个别实践提供了更一般的指导意义。"任何真正的哲学都是自己时代精神上的精华"③,思想政治教育大数据方法是人类认识思维发展的必然结果,又是人类思维在新时代对最高原因最深刻本质追求的认识成果。随着大数据方法在思想政治教育实践中的深入应用,教育主体将进一步提升自觉分析能力、抽象能力,从而更深刻地把握思想政治教育规律,促进思想政治教育实效提升。

(三)思想政治教育大数据方法的方法特性

作为主体作用于客体的中介,方法要与主体目的和客体特征相适应,因此具有较强的主体性。思想政治教育大数据方法既具有一般方法所拥有的普适性、客观性、发展性、辩证性等特征,也具有该方法独有的以相关关系取代因果关系、注重从数据中获取规律等特点。

首先,思想政治教育大数据方法不再强调对因果关系的深入探究,转而以相关性表征思想政治教育的一般规律。在哲学视域,因果关系被视作世界终极原因、终极规律的一种,是认识论追求的至高问题,人们始终致力于探明事物间根本的因果关系。大数据方法放弃了这一路径,转而在大量混沌的数据中寻找相关关系替代人们对因果关系的追求。有研究认为大数据方法以相关关系取代因果关系是一种主动性战略,因为在大量的混杂数据中可以发现更多预设范围外的结果。但笔者认为,人类始终保有追逐至真、至本的根本普遍性的愿望和本能,因果关系作为最严格的相关关系,人类哲学思维的致极性不会放弃对其的追求。大数据对相关关系的看重只是在大数据方法仍未达到对高度抽象的因果关系的

---

①②欧阳康.哲学研究方法论[M].武汉:武汉大学出版社,1998:116.
③马克思恩格斯全集:第1卷[M].北京:人民出版社,1995:220.

认知水平时的"退而求其次",是人类在尚不具备以数据化方法明确认识因果关系的能力时一种另辟蹊径式的探索与尝试。

其次,思想政治教育大数据采用了数据表征的客观研究范式。思想政治教育大数据方法摒弃了以思辨方法为主的现有方法体系,借鉴自然科学实证主义与诠释主义方法,以量化的数据形态表征思想政治教育规律,具有较强的客观性。现有研究普遍认为,思想政治教育方法具有客观性,但其客观性主要谈方法本身,指的是方法受制于思想政治教育规律及教育客体,不能随心所欲,[1] 在教育对象的认识、方法的选择、效果的评估方面,仍然受到教育者的主观影响。思想政治教育大数据方法除了具有上述所说受制于教育规律、教育对象等因素的客观性外,在逻辑范式、表达范式等方面均深化了客观性。从逻辑范式看,思想政治教育大数据方法以实证量化为认知、思考、决策的准绳,一般不受主观经验因素影响;从表达范式看,思想政治教育大数据方法以数据为表达载体,讲求数据推理得出的相关关系,与传统经验及思辨为主的思想政治教育范式相比,具有较强的客观性。

再次,思想政治教育大数据方法是一种高度抽象的、具有普遍性的全局方法体系。任何研究想要具有科学性,必须经历从关注个别现象到研究一般规律的升华。思想政治教育大数据方法具有从个别到一般的普适性,这是使其成为科学方法体系的前提和必然要求。思想政治教育大数据方法的普适性使我们得到两点认识:一是思想政治教育大数据方法应是一个科学、完善的方法体系,具有指导个别—局部—整体的层次体系,是一种具有普遍意义的高度抽象的认识方法。二是思想政治教育大数据方法的形成是一个动态过程,要经历从个别实践中逐步凝练出一般规律进而再指导个别工作的逻辑过程。

最后,思想政治教育大数据方法始终处在不断的发展完善之中。思想政治教育大数据方法的发展性首先表现在其方法始终处在不断的发展变化之中。大数据方法讲求采集全数据并从中挖掘分析事物的相关规律,而数据始终在不断地产生和增长,方法即随之处于永恒的发展变化之中。思想政治教育大数据方法的发展性还表现在大数据技术的不断革新上:随着计算科学及数据挖掘科学的不断进步,人类对数据的开发、处理、利用能力不断增强,由此展示出的方法规律也在不断深入和越来越精确,人们对思想政治教育方法规律的掌握必将随着大数据技术的发展而发展,这是由技术发展的永恒性所决定的。

三、思想政治教育大数据方法的理论基础

从哲学层面谈,人在活动中需要通过一定的手段和中介同对象发生关系,这种手段具有人的主体性,蕴含着人改造自然、满足个人需要的目的性。人的实践追求的是主体和客体、主观和客观、合规律性和合目的性的统一,要使这些对立达成统一,需要借助一定的中介和手段。有研究认为,方法是人们在自己的活动中为实现特定目的,遵循主体和客体统一的规律制定的,用以把握、改造客体的主体行为的规则、程序、途径等方法的总

---

[1]祖嘉合.思想政治教育方法教程[M].北京:北京大学出版社,2004:4-5.

称。① 方法具有主体活动的方式性、主体自觉的创造性、主体实施的可行性等特征，对主体处理与客体关系的实践具有普遍意义。恩格斯曾指出："马克思的整个世界观不是教义，而是方法，它提供的不是现成的教条，而是进一步研究的出发点和供这种研究使用的方法"②，点明了方法对改造世界的重要意义。关于方法的讨论一直是科学、哲学的重要议题，研究思想政治教育大数据方法，有必要对数据研究、方法研究的相关理论基础进行梳理。

(一) 思想政治教育大数据方法的哲学基础

马克思辩证唯物主义和历史唯物主义为思想政治教育大数据方法奠定了逻辑起点，中国古典哲学和西方关于数据研究的大量思想为思想政治教育大数据方法提供了经验参考，复杂性科学研究为思想政治教育大数据方法提供范式依据。从梳理数据方法的哲学方法论、相关实践入手，寻求数据方法的合法性、科学性及可行性是研究思想政治教育大数据方法的理论原点。

1. 马克思辩证唯物主义和历史唯物主义奠定了数据研究的哲学基石

马克思辩证唯物主义和历史唯物主义是马克思主义哲学大厦的重要组成部分，是对人类社会进步发展的科学凝练，为人类认识世界和改造世界提供了根本的世界观及方法论。马克思辩证唯物主义和历史唯物主义理论揭示了客观世界的发展规律，为思想政治教育大数据方法认识教育规律、改造教育对象提供了丰富的世界观、方法论意蕴，奠定了思想政治教育大数据方法坚实的哲学基础。马克思辩证唯物主义和历史唯物主义作为科学世界观和方法论的有机统一，在宏观上对思想政治教育大数据方法有着根本性的指导意义。此外，根据列宁对《资本论》方法的阐释，辩证唯物主义和历史唯物主义还具体包括了个别和一般相结合、归纳和演绎相结合、分析和综合相结合、逻辑和历史相结合等具体方法③，这在宏观和具体上为思想政治教育大数据方法提供了哲学的方法论与实践的理论指导，思想政治教育大数据方法在新时代思想政治教育实践活动中，始终遵循着马克思辩证唯物主义和历史唯物主义的基本观点。

马克思主义人学理论为思想政治教育大数据方法奠定了认识基础。在关于人的本质的认识上，马克思运用了一种"既有一般的、普遍的本质又有个别的特殊的本质，既是不变的又是变化的，是抽象与具体、一般与特殊、变与不变的辩证统一"④的视角，提出了"一个人当他开始生产自己的生活资料的时候，这一步是由他们的肉体组织决定的，人本身就开始把自己和动物区别开来"⑤"个人怎样表现自己的生活，他们自己就是怎样"⑥等观点，为人们开辟了以抽象的恒在与超越、改变兼具的认识人的本质的全新认识论方法。马克思

---

①倪志安. 马克思主义哲学方法论研究[M]. 北京：人民出版社，2007：4.
②马克思恩格斯选集：第4卷[M]. 北京：人民出版社，2014：664.
③万美容. 思想政治教育方法发展研究[M]. 北京：中国社会科学出版社，2006：104.
④林剑. 论马克思实践唯物主义人学理论的深刻革命[J]. 哲学研究，2006(09)：18-22.
⑤马克思恩格斯选集：第1卷[M]. 北京：人民出版社，1995：67.
⑥马克思恩格斯选集：第1卷[M]. 北京：人民出版社，1995：68.

对人的本质的认识方法鲜明地贯彻了辩证法的精神，也为思想政治教育大数据方法奠定了基于辩证唯物主义的认识论基础。思想政治教育大数据方法是以数据表征思想政治教育规律的实践，以数据抽象思想政治教育规律是其基本形态，但绝不是全部形态。与一般的实证主义量化方法不同，大数据方法既遵循抽象统一，又注重从广泛的、多样的、混杂性的数据中获取信息，是一种沿袭了马克思辩证唯物主义、结合了抽象与具体、兼顾了一般与特殊、统一了变与不变的认识方法。

马克思辩证唯物主义实践观点为思想政治教育大数据方法奠定了物质基础。马克思指出："人的思维的最本质和最切近的基础正是所引起的自然界的变化，人的智力是按照人如何学会改变自然界而发展的"①，恩格斯指出："我们只能在我们时代的条件下认识，而这些条件达到什么程度，我们便认识到什么程度。"②在实践的发展之中，人的认识能力也随之发展，世界的规律总能随着人的认识能力上升而被揭示。因此，世上只有尚未认识之物，而没有不可认识之物。这便是马克思主义的反不可知论。大数据方法的核心作用就是以数据表征思想政治教育规律。一些观点认为，与自然科学不同，人文社会科学特别是人的思想品德的形成具有随机性和偶然性，不具备从个别总结一般的规律性。若思想品德形成、发展、变化的规律不可知，那思想政治教育大数据方法则失去了意义。马克思主义认为世界不存在不可认知的东西、仅存在尚未被认识的东西的可知论奠定了大数据方法的存在基础。思想政治教育方法从以思辨方法讨论个别到以抽样方法探索一般再到大数据方法追求更全面的规律，正是马克思主义"随着实践和科学的发展，人们对未知世界的探索和认识将不断深化"的生动体现。

唯物辩证法联系的观点、个别与一般的观点为思想政治教育大数据方法提供了逻辑依据。大数据的核心关注点之一是相关关系，其本质是便于处理既有计算分析工具所不能把握的海量的模糊性、非结构性数据，而这些数据虽然难以处理，但其内部仍然具有非严格、多种类型、多种表征形态的联结关系。③ 恩格斯曾指出："当我们通过思维来考察自然界或人类历史或我们的精神活动的时候，首先呈现在我们眼前的，是一幅由种种联系和相互作用无穷无尽地交织起来的画面。"④马克思主义在百余年前深刻地认识到世间万物的普遍联系，这是大数据"相关性"特征的逻辑起点。只是，由于部分复杂事物内部规律的非线性特征，基于实证主义范式的还原论方法缺乏以系统的视角来认识自然环境及人类社会的整体性规律，因此马恩的年代，人类的认知主要基于线性的因果逻辑规律，尚不具备以整体视角认知事物内部具有混杂性和模糊性特征的规律，如思想品德形成过程的能力。唯物辩证法前瞻性地指出了事物内部及之间的普遍联系，此种联系既包括线性的、基于因果联系的确定性规律，也包括非线性的、基于相关联系的混杂性联系，为百年后人们利用更先进的认知方法探究事物整体内部微观的相关性提供了逻辑的合法性前提。

---

① 马克思恩格斯选集：第3卷[M]. 北京：人民出版社，1972：551.
② 马克思恩格斯全集：第20卷[M]. 北京：人民出版社，1971：585.
③ 刘伟伟. 大数据思维的相关哲学问题研究[M]. 北京：科学出版社，2021：32.
④ 马克思恩格斯选集：第3卷[M]. 北京：人民出版社，2012：395.

"个别"与"一般"是马克思主义唯物辩证法的重要观点。"个别"有两种涵义，一是指客观事物的现象、属性、联系中区别于其他事物的方面、因素；二是当一般代表某一类事物的共同特征成为其化身时，个别也可以指时间上、空间上相对独立的具体事物。① 相对应地，"一般"也有两种涵义，分别指客观事物的现象、属性、联系中共同的方面、因素以及共同属性的一类事物的化身。②马克思在《政治经济学批判》导言中指出："具体之所以具体，因为它是许多规定的综合，因而是多样性的统一。因此它在思维中表现为综合的过程，表现为结果，而不是表现为起点，虽然它是现实的起点，因而也是直观和表象的起点。在第一条道路上，完整的表象蒸发为抽象的规定；在第二条道路上，抽象的规定在思维行程中导致具体的再现。"③唯物辩证法认识论遵循个别——一般—个别的认识路径。个别首先是认识的起点，在这个层面，它表现为具体、生动、感性……经过一般规律的蒸发抽象，认识由个别转向一般，继而个别成为一般指导下的具体再现，成为认识过程的归宿。因此，认识的路径中有两条道路：一是从个别向一般的普遍深化，二是从一般指导个别的走向具体的再现的螺旋式交错路径。思想政治教育大数据方法正是人类首先利用数据抽象思想政治教育普遍现象，形成一般规律，进而再指导个别实践的生动体现。大数据首先采集大量表象的、感性的、个别的数据，通过数学计算形成思想政治教育一般规律，进而利用一般规律指导思想政治教育个别实践。在思想政治教育大数据方法运用中，大数据算法得出的思想规律体现了认识路径中的一般性，思想政治教育者与教育对象的主体性体现了认识路径的个别性。马克思主义唯物辩证法个别与一般关系为思想政治教育大数据方法提供了认识遵循，奠定了大数据方法认识思想政治教育规律的逻辑起点。

2. 中国古典哲学为大数据方法指引了认识路径

"道"是中国古典哲学的核心概念之一，作为宇宙人生的普遍原理，"道"一方面被用以解释、说明世界上各种不同的现象，另一方面又被视作存在的终极根据。④ 世上的现象千差万别，中国古典哲学崇尚以"道"统摄万物的内在关联。一方面，世界的发展以道为其普遍的法则，另一方面，世界的多元最终可以从"多"对"一"的逻辑抽象为"道"，"道"是天地、宇宙内在秩序最深沉的体现。在"道"的基础上，中国古典哲学又进一步将其展开为"天道"和"人道"，天道可以归纳为宇宙的一般规律，人道则可引申为社会活动、历史变迁中的一般原理，亦可理解为社会政治、文化、道德等各方面的价值原则或规范系统。⑤ "道"作为中国古典哲学的核心概念，可以理解为"宇宙的一般规律""社会的普遍价值""行为的基本规范"三个层面内涵，系统地为人们提供了认识论、价值观、方法论的指导。"道"的概念包涵了中国古典哲学对宇宙一般规律、社会普遍价值、普遍实践方法的深入思考和广泛追求，其蕴含的逻辑思维范式为思想政治教育者利用大数据方法认识思想政治教育一般规律、归纳思想政治教育普遍价值、探寻思想政治教育核心方法提供了认识路径。借鉴中国古典哲学对"道"的执着追寻的认识路径——万物皆有道，思想政治教育也必然存

---

①②孙慧玲. 试论认识论中一般与个别的辩证关系[J]. 内蒙古社会科学（文史哲版），1994(05)：21-23.
③中共中央马克思恩格斯列宁斯大林著作编译局. 资本论节选本[M]. 北京：人民出版社，1998：18.
④⑤杨国荣. 道与中国哲学[J]. 云南大学学报（社会科学版），2010，9(06)：40-48，93.

在思想政治教育之道，即思想政治教育也应探寻纷繁复杂的思想政治教育现象背后的一般规律、核心价值导向与基本方法。小数据时代的思想政治教育方法只能从个别出发进而回归个别，缺乏了中国古典哲学中对"道"的宇宙普遍性的归纳过程。大数据方法以先进技术实现了对多种个别情况的统摄和归纳，使"多"至"一"成为可能，这暗含了中国古典哲学"大道至简"的核心观点，也是利用现代技术践行中国古典哲学思想的生动范例。

3. 数学哲学研究为大数据方法提供实践依据

数学是人类描述抽象事物或结构的一种通用手段，是对客观事物的一种认识，人们在认识数学的过程中遵循了实践—认识—再实践的认识路线。① 数学是人类认识世界、描述世界的重要工具，纵观数学发展长河，人们对数学的认知经历了由万物皆数到数学成为一种科学认识方法论的逐步变化。总的来说，人类对数学作用的认知呈现几个显著的倾向。

一是呈现了"万物可数"的认识，认为自然界和物质本身的终极元素是"数"，整个宇宙世界中的规则，原则上都可以表现为数或数与数的整比关系。② 如柏拉图认为数学是人类由感性思维过渡到理性思维的一个阶段，人们可以通过数来了解自然，甚至可以用数取代自然本身。二是基于数学知识形成过程而呈现出的经验性与演绎性的统一。从事实看，数学知识的产生来源于人类解决社会实践的需要；从理论看，数据研究对象的特殊性决定了数学不仅需要自然科学从个别到一般的归纳方法，还需要从一般到个别的演绎方法。有观点认为：数学本质上是数学知识的经验性与演绎性在实践基础上的辩证统一。③ 三是将"数"作为探寻事物间关系的重要途径。亚里士多德认为"数和数之间的关系，是构成宇宙和谐系统规定之基础"，牛顿则认为各种自然现象及其运动规律之间具有统一的"数"的联系和规律。④ 可以看出，认为数是事物间规律的基本表现形式是自然哲学的一种常见观点。

数学哲学研究是思想政治教育大数据方法实践的重要基础，当今大数据方法"一切皆可量化"的观点与古希腊朴素的"万物可数"的认识不谋而合；数学是经验性与演绎性的实践统一这一本质启示大数据既要从个别实践中提炼规律，又要开展从一般到个别的演绎推理，发挥大数据技术的实践效能；将"数"视作事物间规律的基本表现形式的认识则奠定了思想政治教育规律一般化、科学化、数据化的逻辑基础。总的来说，人类对数学哲学的探究是思想政治教育大数据方法实践的重要认识参考，大数据时代计算技术的跨越式发展呼唤当代研究在数学研究基础上进一步丰富其科学认知，对数学在当代多学科中如何更好地发挥作用作出进一步深入探究。

4. 复杂性科学研究为大数据方法提供范式参考

20世纪70年代，复杂性科学的概念逐渐兴起，其原因有二：一是原有的简单性问题逐步解决，还原论方法不能解决的复杂问题，如"意识的本质"等问题呈现在人们面前亟待被解决；二是科技发展导致科学对象的复杂化，互联网、环境保护等新问题无法用传统方

---

①③ 林夏水. 论数学的本质[J]. 哲学研究, 2000(09): 66-71.
②④ 转引自谢继华. 大数据视阈下高校网络思想政治教育创新研究[D]. 电子科技大学, 2018.

法论解决。①与传统科学范式基于还原理论的线性研究相比,复杂性科学方法论具有非线性、非确定性的特点,认为事物和世界之间不是一种纯机械的存在,而是在内部具有复杂的、多样性的关联,推崇用整体的、模糊的视角,将传统还原主义所摒弃的微小特点基于全局的视野重新分析,从而认识复杂性问题的规律。

关于复杂性科学的定义,目前仍未达成共识。钱学森认为"凡是不能用还原论处理或不宜用还原论处理的问题,而要用或宜用新的科学方法处理的问题,都是复杂性问题"。关于还原论的思想最早可以追溯到古希腊哲学家德谟克利特提出的原子论,其认为世界的本源是单一不变的实体。近代的还原论则主要基于"部分—整体"的视角,有学者认为,还原论的核心观点有三:一是整体没有超越其构成部分特性的任何自己的特性,高层次事物由低层次事物结合而成,整体只是部分的结合;二是部分先于整体对象,部分是整体的成因,离开部分无法认识整体,部分与整体间遵循从部分到整体的上行因果关系分析;三是只有基于部分、个体之上的理论才是根本和彻底的。②由于复杂性科学涉及多个学科,不研究哪一门具体的学问,因此很难给其下一个明确的定义。但毫无疑问的是,对还原论方法的排斥是复杂性科学最显著的特征,其整体呈现了超越还原论,秉承"整体大于部分之和、不能基于分割后的部分对整体进行认识"的整体性趋向。

复杂性科学标志着科学范式的转变。与传统数理方法比较,大数据方法重视从整体论的视角有机地分析部分与部分、部分与整体间的关系,拒绝追求一元论视野下的唯一规律,推崇利用混杂性数据中多样的相关性。通过技术的发展,人类具备通过掌握所有数据从而超越个别个体、把握整体视角下的全部特征的能力,大数据关注整体而非局部、注重混杂而非精确、探寻相关而不是因果的取向正是基于复杂性科学注重整体、整体大于部分之和、模糊性等观点的实践延伸,大数据方法从复杂性科学中汲取了重要的实践范式参考。

(二)思想政治教育大数据方法的演进依据

关于人类的认识范式,大多数研究谈及的是理性主义与经验主义的分野,在西方哲学从关注本体论到关注认识论转向的17世纪前,人类主要采用逻辑思辨的方法获得知识。正如迪尔凯姆在社会学研究方法论中指出:"人类的思考总是先于科学而存在的,科学只是证实这些思考的方法……人们用观念估量事物,而不是从事实归结出观念"③。早期的知识生产主要采用了逻辑思辨的途径,以主观意识对知识进行判断。然而,凭借观念认识事物,只能从个别的角度对事物进行理解,缺乏对其根本规律的把握,科学性稍欠。

文艺复兴和启蒙运动带来的科学进展促进了方法范式的转向,以经验主义和理性主义为两个主要流派的实证主义范式开始成为主流的方法范式。经验主义与理性主义的绝对分歧在于普遍知识的绝对起源问题:经验主义认为一切知识来源于经验,普遍知识只有在经验的基础上才能获得;理性主义认为普遍必然知识取决于与生俱来的天赋观念,通过理性

---

①苗东升.复杂性研究的现状与展望[J].系统辩证学学报,2001(04):3-9.
②刘劲杨.论整体论与还原论之争[J].中国人民大学学报,2014,28(03):63-71.
③迪尔凯姆.社会学方法论[M].胡伟,译.北京:华夏出版社,1988:13.

推演即可形成普遍必然的知识体系。① 经验主义主张用归纳推理的方法,具体表现为实验等方法,多见于物理学;理性主义则主张演绎推理的方法,具体表现为逻辑推理,多见于数学。随着理性主义认识论与经验主义认识论在数学、物理学、生物学、医学等自然科学学科的应用,人文社会科学也逐步借鉴采用了这一方法范式,孔德创立了实证主义的社会学研究方法,开创了以实证方式研究人文社会问题的全新方法范式。总的来说,实证主义推崇通过实验、推理等手段对自然科学或人文社会科学现象背后存在的客观规律进行证实或证伪的方法范式,其成为当代自然科学及人文社会科学最重要的方法论之一。值得指出的是,实证方法也是马克思一生中重要的研究方法,对已通过研究政治经济学并开始接受经验主义的马克思来说,圣西门倡导的实证方法、实证原则、实证精神促使其摒弃了哲学思辨,建立基于唯物主义认识论之上的实证方法。②

孔德将实证主义的方法范式从自然科学沿用至人文社会科学,狄尔泰、韦伯等学者却对此持有疑虑,认为社会科学的研究对象除了人在日常生活中表现出的包括语言、非语言等行动,更重要的是行动背后的意义,③ 且社会现象大多具有历史性、偶然性等特征,追求验证的实证主义方法在此便失去了意义。实证主义对人类生活中表现出来的愉悦、愤怒等情绪可以用数据进行研究,却无法深入研究其深层次的意义。由此,狄尔泰把"解释"和"理解"融为一体,提出了诠释学的研究方法,认定"诠释学"不是一般意义上研究方法、技巧的结合,而是一种能有效研究人类科学的方法论。④ 人文社会科学研究中常用的话语分析、文本分析、深度访谈、焦点小组等方法均是诠释主义方法范式下的研究方法。

思辨方法、实证主义方法、诠释主义方法构建了社会科学研究的主要方法范式,思想政治教育学科的研究方法也主要源于上述三种范式。但在方法的选择上,思想政治教育学科在成立初期大多采用了经验总结的、实践反思的范式,论述停留在微观、个别层面,还谈不上严谨的方法范式。随着学科规范的建立和科学性的提升,思辨范式成为思想政治教育研究方法的主流,采用实证主义范式的思想政治教育评价方法研究及采用诠释主义范式的思想政治教育话语研究也陆续开展。有研究对2009—2019年10年间《思想教育研究》杂志刊登文章所选用的研究方法进行了分析,其中采用思辨方法的研究占比达90.82%,实证主义、诠释主义方法占比分别为6.21%和1.25%。⑤ 思想政治教育学科仍需强化规范方法体系的建立,力争使方法的使用达到规范性、科学性、恰当性要求。

(三)思想政治教育大数据方法的继承发展

思想政治教育方法的发展主要来源于对传统教育方法的继承、对外来教育方法的借鉴、从实践中不断进步等渠道。思想政治教育大数据方法不是凭空而来,也不是对现代信息技术的生搬硬套,而是与思想政治教育一般方法互为补充,在继承前者的基础上不断在实践中总结新规律、利用新技术而形成的新方法。我国思想政治教育一般方法吸纳了中国

---

① 周晓亮. 西方近代认识论论纲:理性主义与经验主义[J]. 哲学研究,2003(10):48-53,97.
② 鲁克俭. 马克思实证方法与孔德实证主义关系初探[J]. 社会科学,1999(04):38-40,23.
③④ 沃野. 诠释学方法论的昨天和今天[J]. 学术研究,1999(01):21-26.
⑤ 张瑜. 近10年来思想政治教育研究方法的新进展[J]. 思想教育研究,2019(05):34-39.

古代历史文化的精华,"齐家治国平天下"的儒家社会理想直到今天依然是全社会所推崇的价值公意,习近平同志曾多次在各种场合引用古代先贤的名言警句,如"明大德、守公德、严私德""修其心治其身,而后可以为政于天下"等教育新时代的青年与领导干部。我国思想政治教育一般方法还吸纳了毛泽东、邓小平等老一辈无产阶级革命家在革命奋斗历程中的各类宝贵经验,毛泽东同志提出的实事求是、群众路线、独立自主的工作方法,邓小平同志提出的实践是检验真理的唯一标准、结合实际情况开展工作的方法到今天仍然是思想政治教育实践中的重要方法。在我国一直以来的思想政治教育实践中,通过实践的不断探索、理论的不断发展,还形成了理论灌输、说服教育、榜样教育等具体工作方法。

思想政治教育大数据方法的产生和应用,是思想政治教育一般方法的扩展和补充。它包含了思想政治教育一般方法、思想政治教育个别方法与思想政治教育技巧等多个层次。在解决了小数据时代认识客观普遍性不足的前提下,又利用技术优势较好地实现了对思想政治教育个体的照观。大数据方法利用大量计算增进对事物内在规律的认识,实现了思想政治教育一般规律的深化,在思想政治教育一般方法的基础上提升了其客观性与实效性,又以其强大的数据分析能力使"一人一方法"成为可能,促进了思想政治教育一般方法的适应性。大数据方法在思想政治教育一般方法的基础上发展认识方法、提升实践效率,促进了一般方法的实效提升,是思想政治教育者在原有方法基础上提升教育本领、发展方法路径的生动体现。

从思想政治教育的哲学基础及人类方法论演进历史的分析可以看出,人类始终将认识宇宙的根本规律作为不懈追求,并不断通过认识路径及科学技术文明的发展革新方法、促进认知。总体来讲,人类的认识方法呈现了从个别到一般、从特例到规律、从局部到整体的发展规律。在实现了客观认知取代感性认识的基础上,人类认识路径又再一次向非线性、整体性、复杂性拓展,遵循了由个别至一般再到个别的认识路径。

第二章　思想政治教育大数据方法的理论深化

思想政治教育理论是思想政治教育学科的基础与实践的指导，对整个思想政治教育起着基础性、决定性作用。思想政治教育的基本理论可以概括为"为什么要有思想政治教育""什么是思想政治教育"以及"如何做好思想政治教育"几个问题。[①] 思想政治教育大数据方法回答的是"如何做好思想政治教育"这个基本问题。新方法的产生必然有其深刻的存在动因，社会存在的发展必然引起思想政治教育实践的发展，思想政治教育方法与思想政治教育理论始终处在紧密的联系之中，不可分割。研究思想政治教育大数据方法，必然要先从思想政治教育基本理论问题入手，从大数据应用带来的思想政治教育理论革新出发，揭示大数据视域下思想政治教育的一般规律。

一、思想政治教育全新的主客体关系构建

思想政治教育主体与客体的关系是贯穿思想政治教育过程最重要、最基本的关系。深刻分析大数据方法下思想政治教育主体与客体的内涵发展，正确处理新时代思想政治教育主体与客体的对立统一关系，是新时代促进思想政治教育目的达成、提升思想政治教育实效的重要路径。

（一）思想政治教育主客体关系的主要观点

教育者主体说是关于思想政治教育主客体关系的最传统看法，其认为教育者在思想政治教育过程中占据主导地位，是思想政治教育主体；受教育者在教育过程中居于被动，是教育客体。此种观点忽视了思想政治教育过程中受教育者的主观能动性，具有一定的片面性。

考虑到受教育者在思想政治教育过程中主观能动性的发挥，有一些观点提出了双主体说，认为教育者和受教育者均是思想政治教育的主体。从施教的角度说，教育者是主体、受教育者是客体，从受教的角度说，受教育者是主体、施教者是客体，因此两者互为主体。[②] 与其类似的观点还有双向互动说，这种观点认为教育者在思想政治教育活动中占据主导地位，同时受教者也在教育过程中具有能动和主动作用，两者共同形成思想政治教育合力。

教育者主体说是典型的单向灌输模式，且没有将受教育者的认识活动纳入思想政治教育范畴，其理论和实践已经受到了严重挑战；双主体说和双向互动说均能认识到受教育者

[①] 教育部社会科学研究与思想政治工作司. 思想政治教育方法论[M]. 北京：高等教育出版社，1999：18-19.
[②] 张耀灿，徐志远. 关于思想政治教育过程中的主客体关系问题[J]. 学校党建与思想教育，2003（04）：15-17.

在思想政治教育过程中的重要地位，与教育者主体说相比更具有现代性。

在考察了主客体关系的几种主要观点后，张耀灿教授基于思想政治教育过程的流动性，指出思想政治教育过程是在教育者与受教育者的交往互动中通过"主体—客体—主体"转化的过程实现的，教育者和受教育者之间形成一种"主体际"的关系①，提出要基于"主体际"关系充分实现当代思想政治教育对人的主体性的尊重，构建主体性思想政治教育。

(二)大数据方法给思想政治教育主客体关系带来新变化

一般思想政治教育关系中，主体和客体是思想政治教育关系中两个最重要的要素。大数据方法作为主体作用于客体的中介，其数据的来源和归属的特殊性给思想政治教育主客体关系带来了新的变化。

一般思想政治教育实践中，主体和客体始终在教育者和受教育者之间流动及转换，然而大数据方法因其数据的特殊性，增加了教育过程中的要素。首先是算法要素。思想政治教育大数据方法通过一定的算法开展教育认识、决策、评价，其结果的呈现与算法密切相关，算法的差异会带来结果的巨大不同。然而在实践中，算法往往不由思想政治教育者决定，而由大数据技术的开发者决定。丧失了算法主导权的教育者，其主导地位因此受到削弱。不掌握算法的教育者是否依然占据思想政治教育施教过程的主导地位有待商榷。其次是数据主体要素。数据主体一般可以指生产数据的自然人。大数据方法的广泛应用使数据成为一种重要的生产资料，数据的高价值性使得在不同数据主体中确立数据所有权成为必要，但这一过程困难重重。思想政治教育活动中，数据主体是生产数据的受教育者，但其并不享有主导、支配数据的权利，教育者在不是数据主体的情况下行使对数据的开发权利，这一权利与主体的错位在一定程度上造成了教育者利用数据的合法性危机，也在一定程度上动摇了教育者在思想政治教育过程中的主导地位。最后，是受教育者主导地位的上升。在一般思想政治教育主体际关系中，是由教育者依据一定的社会要求，在遵循受教育者主体性的前提下发挥主导作用。但由于受教育者是生产数据的数据主体，对数据享有决定权，其对思想政治教育大数据方法的配合程度极大地影响了思想政治教育目标的达成程度。由此，相较一般思想政治教育过程，大数据方法中受教育者的主导地位上升，与一般思想政治教育主体际关系产生差异。

(三)构建大数据视域下的新型"主体际"关系

经过近年来思想政治教育理论的深化和发展，在思想政治教育过程中充分尊重受教育者主体性，推进教育者与受教育者的双向互动，建构以促进受教育者自由全面发展为根本目的的主体性思想政治教育机制已经成为主流观点。② 虽然大数据方法的应用在一定程度上动摇了教育者的主导地位，但是没有改变主客体互动过程中随着思想政治教育进程发展而互相成为"主体—客体—主体"的主体际关系。针对大数据方法带来的算法决定权、数据

---

①张耀灿，徐志远．关于思想政治教育过程中的主客体关系问题[J]．学校党建与思想教育，2003(04)：15－17．
②相关表述见教育部思想政治工作司组编的《思想政治教育原理与方法》与张耀灿教授《关于思想政治教育过程中主客体关系》一文。

主体所有权等方面的问题，要从以下方面构建大数据视域下的新型"主体际"关系。

构建尊重受教育者数据权利的新型主体际关系。思想政治教育要充分考虑受教育者的个体特征，满足其多样性的发展需求、促进其主体性发挥是新时代思想政治教育的普遍共识。在尊重其发展需求的主体性基础上，大数据时代还应形成尊重受教育者的数据主体权利，充分保障其在大数据方法应用过程中的隐私权、决定权、拒绝权等法定权利的更为平等的主体际关系，无论受教育者在思想政治教育实践过程中处于决定数据归属的主体地位，还是处于接受思想政治教育的客体地位，均要保障其合法数据权利，以充分呼应大数据时代数据主体权利保障意识的提升。

构建保障教育者主导地位的新型主体际关系。一般主体际关系中，教育者与教育对象随着思想政治教育互动互为主客体，教育者在尊重受教育者主体性的前提下发挥主导作用，两者合力实现思想政治教育目标。大数据方法应用中"算法"的决定权挑战了这一关系。现实大数据方法应用中，由于大数据方法中的"大脑"——算法一般不为教育者所掌握，教育者只是数据算法结果的执行者，算法的意识形态导向及价值取向便可能造成思想政治教育主导权的旁落。因此，大数据方法应用下的主客体关系，要考虑受众的主体性发挥，同时也要充分认识到大数据技术的机械性、可错性对受教育者的负面影响，以教育者在思想政治教育实践中的主导地位保证思想政治教育的正确方向，实现思想政治教育目标的达成。

二、思想政治教育大数据方法的矛盾及规律认识

一直以来，制约思想政治教育由"软的指标"向"硬的约束"转型的主要原因有责任落实不够、督导考核不足、问责体系不全等。[①] 与一般学科教学成效确切、评价方式健全的现状相比，思想政治教育评价长久停留在"软指标"上。其核心原因在于思想品德的难测性，即思想政治教育者的教育目的、教育计划、教育组织等教育行为与"一定社会、一定阶级所需要的思想品德的形成"间的因果关系难以明确。一方面，思想品德具有广泛性、长期性、发展性，一直以来缺乏对思想品德明确的测量标准和评价体系；另一方面，思想品德具有多元相关性，除特定的思想政治教育活动外，所有社会实践均是思想品德正向发展与负向削减的可能因素，故而一般思想政治教育方法评价主要集中在完成层面的考察，对于完成实效的评价则始终缺乏恰当的途径，这成为困扰思想政治教育提质增效的重要因素。大数据方法基于其自身的方法优势，通过对思想品德相关行为的数据测量，在一定程度上解决了这一难题。大数据方法深化了思想政治教育方法关于矛盾与规律的认识，为解决思想政治教育由"软指标"向"硬约束"转化提供了理论依据。

(一) 思想政治教育大数据方法的主要矛盾

认识一项新事物的运动、变化和发展，不仅要揭示其形式，把握其量变与质变的关

---

① 相关表述可见中共教育部党组关于印发《高校思想政治工作质量提升工程实施纲要》的通知（教党〔2017〕62号文），文中指出：要坚持协同联动，强化责任落实、加强督导考核，严肃追责问责，把思想政治教育的软指标变成硬约束。

系，还要进一步理解事物运动、变化、发展的本质，那么就必然要从矛盾的视角对其进行分析。只有深刻理解了其内在矛盾，才能深刻把握其对立统一规律与发展的本质。① 因此，研究思想政治教育大数据方法、利用思想政治教育大数据方法必须要深究其矛盾，从而理解其本质特征。思想政治教育过程的矛盾主要表现为思想政治教育者与社会要求之间的矛盾、思想政治教育者与受教育者之间的矛盾、受教育者的思想行为与社会要求之间的矛盾以及受教育者内在精神世界发展的需要与满足需要的方式之间的矛盾。② 思想政治教育大数据方法的应用没有改变思想政治教育过程的基本矛盾，而是在遵循思想政治教育一般规律的基础上发展了该方法特有的矛盾。

首先，思想政治教育大数据方法的矛盾表现为思想品德的难测性与大数据方法的有限性之间的矛盾。已有的思想政治教育相关研究普遍认为：思想政治教育的评估非常困难，其原因在于思想政治教育效果表现形态非常复杂，既以显性形态表示又以隐性形态表示；既有直接表示又有间接表示；既有近期效果又有远期效果。③ 思想政治教育成效表现形态的复杂决定了思想品德难测性，无论评估方法如何先进，如何兼顾主观与客观、短期与长期、显性与隐性，也永远不能百分之百准确地对思想政治教育成效给出与真实情况完全一致的测量结果。即使思想政治教育大数据方法超越了一般思想政治教育方法，以相关性的外显行为对思想政治教育实效进行测量，其测量结果与真实成效间也始终存在差距，只能逐步接近、不断完善，不可能百分之百还原，由此造成了思想品德的难测性与大数据方法有限性之间的矛盾，这也是思想政治教育大数据方法的根本矛盾。

其次，思想政治教育大数据方法的矛盾表现为教育者的数据需要与教育对象的数据保护间的矛盾。思想政治教育者与思想政治教育对象二者间的矛盾在思想政治教育过程中普遍存在，教育者的教育目标与教育对象的实际水平存在差距、教育客体无法达成教育主体的期待等均是二者间矛盾的具体体现。除了上述矛盾，在思想政治教育大数据方法应用中，还存在着其特有的矛盾：为了尽可能使思想政治教育数据反映教育对象的思想品德水平，教育者必须尽可能多地获取各类思想品德相关数据，而教育对象基于隐私诉求等原因对个体数据进行保护，由此便形成了教育者的数据需求与教育对象数据保护间的矛盾。如果这对矛盾处理不当，将会制约思想政治教育大数据发挥其效用。因此，必须以整体性视角平衡大数据方法应用过程中教育者的数据需要与教育对象的数据保护之间的关系，明确数据使用的边界，缓和两者间的对立，促进两者在提升思想政治教育成效的目标指导下达成统一。

再次，思想政治教育大数据方法的内在矛盾还表现为无限的教育需求与有限的方法水平之间的矛盾。随着信息化成为我国教育事业的重要战略部署，教育的各个场景与环节均需进行信息化的改造与升级，思想政治教育也不例外。思想政治教育实践包含的学生日常管理、思想政治理论课教学、思想政治教育资源库、思想政治教育成效评价以及思想政治教育趋势预测与分析等对思想政治教育大数据方法产生广泛的技术需求，而技术的应用与

---

① 高清海. 马克思主义哲学基础（上）[M]. 北京：人民出版社，1985：396–398.
② 陈万柏，张耀灿. 思想政治教育学原理[M]. 北京：高等教育出版社，2018：143–145.
③ 陈万柏，张耀灿. 思想政治教育学原理[M]. 北京：高等教育出版社，2018：142.

实施是一个循序渐进的过程。思想政治教育大数据方法虽然较一般思想政治教育方法效率更高，但技术的有限性与达成思想政治教育目标的现实需要之间始终存在差距，即精益求精的教育需求与大数据方法有限的方法水平间始终存在着一定矛盾。

(二) 思想政治教育大数据方法的一般规律

将大数据思想政治教育作为一种方法进行研究，除了要剖析其主要矛盾，还要摸清方法本身的内在规律。特定的客体在实践过程中表现为复杂的系统，与其他客体发生多种关系，有些关系是内部的、本质的、必然的关系，有些关系则是外部的、现象的、偶然的关系。要深入认知思想政治教育大数据方法，必须把握其内在的、本质的、必然的联系，把握其一般的本质关系，将人们对思想政治教育大数据方法的认知上升到对其规律性的认知。[①] 思想政治教育的内在规律表现为教育要求与受教育者实际思想品德间保持适度张力、教育与自我教育相统一、协调各种影响作用同向作用等基本规律。[②] 思想政治教育大数据方法基于上述规律在主体与客体之间发挥介体作用，并由于其方法的特殊性呈现了独有的内在规律。

一是受教育者的外显行为与思想政治教育成效间存在必然的相关性规律。相关性指的是两个客体之间相关关系的密切程度，一般有正相关、负相关和不相关几种类型。与因果关系不同的是，相关关系仅表明两个客体之间存在相关性，一个变量与另一个变量存在相关，但不能说明一个客体是引发另一个客体变化的原因。思想政治教育系统是长期教育与短期教育结合、显性教育与隐性教育结合、课堂教育与课外教育结合的多元教育体系，要证明思想政治教育成效与某一特定教育措施间明确的因果关系几乎不可能，但教育行为与教育成效间存在着必然的、可以为大数据方法所发现的相关性规律。思想政治教育行为将引发教育效果的变化，但引发变化的原因既有可能是某一教育行为的短期效果，也可能是此前思想政治教育行为的长期效果，在无法明确其确定的因果关系的情况下，宜以相关性取代因果性作为调整思想政治教育策略、调节思想政治教育成效的判断依据。对于大数据方法的有限性与思想品德的难测性之间的矛盾，可以通过对思想品德相关行为的量化手段来调节。量化并不是绝对精确、消除误差，而是不断减少不确定性的观测结果。[③] 思想品德是一个难以用数据表示的概念，但与其高度相关的爱国主义情感、个人表现、思想政治教育活动出勤率等可以通过数据观测，因此受教育者的外显行为与思想政治教育成效间存在必然的相关性规律，这是思想政治教育大数据方法的基本规律之一。

二是教育主体与教育客体互动统一的规律。教育与自我教育相统一是思想政治教育过程的基本规律之一，揭示了教育主体和教育客体之间的联系及其互动规律。思想政治教育过程中，教育者将一定的社会思想品德要求以大数据方法为载体作用于受教育者。对于教育者施行的教育影响，教育对象并非原封不动地全盘接收，而是结合个人的思想道德水平、实践经历等选择性地加以吸收。一般思想政治教育有着教育与自我教育相统一的规

[①] 高清海. 马克思主义哲学基础 (上) [M]. 北京: 人民出版社, 1985: 344.
[②] 陈万柏、张耀灿. 思想政治教育学原理 [M]. 北京: 高等教育出版社, 2018: 147-149.
[③] 哈伯德. 数据化决策 [M]. 邓洪涛, 译. 广州: 广东人民出版社, 2018: 22.

律，教育者的教育行为离不开受教育者的自我教育。思想政治教育大数据方法在这一规律基础上，以充足的教育资源和对个体数据的精确把握，使个性化的教育得以实现，但思想政治教育的实效发挥依然与受教育者的主体吸收、接纳密切相关。在数据共享的动态平衡中，大数据方法作为介体使教育者与教育对象在互动中实现对立统一。因此，思想政治教育大数据方法的应用中呈现了基于数据共享的主体和客体互动统一的一般规律。

三是动员各种教育因素促进受教育者主体性生成的规律。思想政治教育系统中既有教育者的教育影响，也有受教育者在社会实践过程中受到的各类社会影响，除了教育者以大数据方法为介体开展思想政治教育，市场营销、网络宣传等社会个体也在利用大数据方法开展实践活动，其中有的与社会既定的思想政治品德要求相一致，有的则在盈利或意识形态攻势下与社会所需的思想政治教育品德需求背道而驰。受教育者在大数据方法中既接收思想政治教育信息，也接收各类不良讯息，负向思想政治教育信息将极大地影响思想政治教育成效，抵消教育效果。思想政治教育大数据方法的应用不能改变环境系统内的信息多样性，但可以通过算法等技术手段不断促进受教育者主体性提升，使受教育者能够自主地辨别积极影响与消极影响，从而实现在大数据方法应用下受教育者的思想品德逐步向社会的既定要求发展。

思想政治教育大数据方法本身有其特有的内在矛盾及普遍的发展规律，规律是事物内部相对稳定的联系，只有把握了事物的根本规律才能充分地认识方法、利用方法、改进方法，进而提升思想政治教育工作实践效能，促进教育目标的达成。要在把握思想政治教育大数据方法内在矛盾及规律的基础上进一步探索实践中该方法的具体过程及主要模式，以期为思想政治教育实践提供具体指导。

三、思想政治教育现象与本质的统一

思想政治教育方法是连接思想政治教育主客体的重要介体，是思想政治教育目的达成的重要路径，是确保思想政治教育有效性的关键因素。大数据方法的应用从以数据抽象思想政治教育规律和促进方法科学性提升两个层面深化了思想政治教育方法研究，给思想政治教育方法理论带来了由经验至理性的认知进步，实现了由个别经验到数据抽象的规律性总结，对促进思想政治教育认识论和方法论的完善具有重要意义。

（一）思想政治教育一般规律的抽象

一直以来，思想政治教育主要采用静态的、孤立的经验性思维方式探究思想政治教育方法，这样的方法往往从个别中来，忽视了多样化思想政治教育对象、场景、需求的差异性和层次性，不能应用到多样的思想政治教育场景中，从而造成方法与实践的脱离。在认识论哲学中方法与认知紧密相连，方法是认知的重要组成部分。深究一般方法与思想政治教育实践脱离的原因，其根本在于现有的思想政治教育方法对思想政治教育规律的把握仍然不够全面。一般思想政治教育方法往往基于个别开展探讨，经验叙述多于学理论证。有些论者把自己在实际工作中感觉重要的内容即认为是思想政治教育的根本方法，把居于主导地位和从属地位的方法相混淆、把贯穿思想政治教育全过程的方法与适用于某个阶段的方法相混淆。① 要想使思想政治教育方法契合思想政治教育规律，必须对思想政治教育规律进行高层次的抽象，认识其根本特点，这是一种由多到一的思维方式。而一般思想政治教育方法缺乏高度抽象的逻辑思维过程，只将来源于感性及个别的认识普及到多种教育场景，是一种一到多的实践方式。缺乏理性抽象必然造成对思想政治教育规律的表征不完全，从而造成思想政治教育方法与实践的错位。

(二) 思想政治教育方法科学性的提升

与一般思想政治教育方法思辨、感性、个别的认知特征相比，思想政治教育大数据方法采用了复杂科学的整体性、系统性、实证化的认知范式，以高度抽象的数据表征促进了思想政治教育方法科学性的提升。

首先，思想政治教育大数据方法理性和非理性结合的认知方法促进了思想政治教育认知方法的完善。理性是一个重要的哲学概念，不同话语体系中理性的内涵有所不同，大致有下述两种解释：从认识论来谈，理性是人认识事物本质和规律的抽象思维；从人性论来谈，理性是人的抽象思维能力所支配的人的理智的、合理的、自觉的、合乎逻辑的能力和存在属性。② 可以看出，理性主义的最关键特征是抽象逻辑思维，是对事物本质特征的归纳，与其相对应的是非理性或感性，主要指人的情感、经验、感觉等非理性因素。思想政治教育大数据方法通过搜集思想政治教育全过程的各类数据，利用编写好的模型程序对其进行分析运算，进而得出结论。这是一种将教育对象思想品德表现以数据形式体现的高度抽象过程，具有鲜明的理性特征。但与一般实证问题的线性思维不同，思想品德形成是在社会实践的基础上主客体因素相互作用、相互协调、主体内在思想矛盾运动转化的结果，是一个典型的非线性复杂问题。基于线性关系的传统数学模型无法对一些非标准化、灵活的个性问题进行认知，个体思想品德形成过程中的个体情况容易被忽略。思想政治教育大数据方法规避了这一问题，其注重对混杂数据中个别的、感性的非理性因素进行考察，从而探究思想政治教育的相关性规律并形成个性化的教育方案，是一种既能关注普遍共性又能包含个别特征的认知方法。

目前还没有哪种数学模型能精准地表达思想品德形成、发展、变化机制中的普遍因果关系。教育学、心理学等学科也只是基于个别、微观的视角对特殊问题进行假设、测量及验证，实证主义方法常用的通过控制变量引发实验对象变化的方法不能完全再现思想品德形成过程，个体思想品德形成的具体内在机制仍然是"黑箱"，用机械的还原论难以解决。而思想政治教育大数据方法运用理性认知思维和非理性认知思维相结合的整体性认知方法把握思想品德形成一般规律，在关注普遍、一般规律的同时，又关注个别、特殊问题，为促进思想政治教育现象与本质的有机统一提供方法的中介支撑。

其次，思想政治教育大数据方法不断校正与反馈的双回路认识方法促进了对思想政治教育本质的更深刻认识。单回路学习指的是在学习中犯了错误之后才努力纠正的学习模式，如教师直到通过教学测试才发现教学策略不当就是典型的单回路学习模式。与之相

---

① 祖嘉合.思想政治教育方法教程[M].北京：北京大学出版社，2004：7.
② 何齐宗.当代教育的理性主义倾向评析[J].中国教育学刊，2002(05)：18-20.

对，双回路学习指的是在教育过程中不断依据学生的反馈分析效果、纠正错误、调整策略的学习过程，是一种基于大量数据实证反馈分析效果、校正策略的认知模式。传统学习模式依据阶段性统一测评模板进行效果反馈，具有滞后性、单一性，只能追求"最大公约数"而失去了对个体的照观。思想政治教育大数据方法使思想政治教育实时反馈成为可能。教育者可以根据教育对象反馈情况逐步深化对思想政治教育问题的认识，从而在不断的实践—反馈—调整中把握一般规律，促进思想政治教育规律性认知。

最后，思想政治教育大数据方法基于数据的认知方法促进了思想政治教育精准性实效的提升。一般思想政治教育方法通常来源于对个别事例的经验总结、提炼和升华。从统计学来说，其抽样的合规性和样本的数量度往往达不到从个别至一般的统计要求。思想政治教育大数据方法基于对数据的相关性分析，以概率形式对个体的学习表现及教育过程做出预测，其内核是对更高概率无穷趋近的数据运算。与一般思想政治教育方法相比，大数据方法基于概率的认知模式大大提升了预测的精确度，其教育策略的针对性更强。

(三) 思想政治教育方法论研究的拓展

大数据方法强化了思想政治教育方法论研究。思想政治教育方法论即关于思想政治教育方法的学说和理论……它揭示的是方法的内在规律性。[①] 世界观是方法论的基础，方法论在世界观的指导下认识世界、改造世界。思想政治教育方法论是在唯物辩证法指导下认识、改造人的思想问题的系统性理论，研究思想政治教育大数据方法体系必须从具有顶层指导意义的世界观、中层规范意义的学科基础、下层实践意义的实施做法等方面开展坚实的方法论研究，以奠定科学方法论的学理基础。思想政治教育大数据方法不是单一的、个别的方法，而是从方法的价值、理论依据、科学原则等一般规律层面上对思想政治教育一般规律作出指导。大数据方法研究丰富了思想政治教育方法体系，进一步加深了对思想政治教育方法哲学基础的探究，对夯实思想政治教育方法理论根基有积极意义。

思想政治教育大数据方法建构了与思想政治教育一般方法有机结合、互相补充的方法体系。中国共产党自成立以来在思想政治教育工作中积累了大量成熟而宝贵的经验，奠定了思想政治教育的良好局面。思想政治教育大数据方法既继承了我党思想政治工作一直以来的工作理念，又吸收、借鉴了近年来大数据科学发展带来的数据化工作思路。思想政治教育大数据方法研究明确了大数据方法与一般方法间的合理关系：既要遵循思想政治教育方法普通规律，明确大数据方法与一般方法的联系，又要把握大数据方法的鲜明特征，明确大数据方法的适用范围、合理步骤与运用方法，构建起适用于新时代思想政治教育现实的，思想政治教育一般方法与大数据方法有机结合、相互补充的科学方法体系。

思想政治教育大数据方法研究增进了思想政治教育的现实效果。思想政治教育的根本目标是立德树人，任何方法都以这一目标为中心任务，受其制约。思想政治教育大数据方法通过探讨大数据体系下各宏观方法相互联系的宏观规律和思想政治教育场景的具体条件，构建起贯彻立德树人核心目标的方法体系的具体应用及实践体系，梳理了大数据方法的适用范围和应用条件，探索了大数据方法与各类场境匹配的指导思想及具体操作，如大

[①]教育部社会科学研究与思想政治工作司. 思想政治教育方法论[M]. 北京：高等教育出版社，1999：3-5.

数据方法在思想政治教育认知、思想政治教育实施、思想政治教育评测、思政课教学等不同条件的方法选择依据及分类标准，对新时代思想政治教育实践的实效提升有积极作用，是解决好新时代思想政治教育新问题的必然路径。

四、思想政治教育大数据方法的再分类

现有思想政治教育方法层次多样、种类多元。与之相类似的，大数据方法可以与思想政治教育过程中的各个环节结合，形成层次多样、种类不同的思想政治教育方法。有必要在理解其作用范式的基础上对思想政治教育大数据方法进行细分，以实现对该方法的充分把握。

（一）现有分类方法不够清晰

现有思想政治教育方法研究大多依照思想政治教育活动的时间逻辑，以活动内容作区分，将方法分为思想信息获取方法、分析方法和思想政治教育决策方法、实施方法、评估方法等。此种分类以思想政治教育活动过程为逻辑，包含了思想政治教育的全过程，具有全面覆盖的优点，但也有方法间相互重复、逻辑层面不同等缺点。如思想信息分析的基本方法有因果分析法、比较分析法、系统分析法、矛盾分析法、典型分析法、定性定量分析法等[1]，但深入探究会发现，定性定量分析法可以再细分为定性方法和定量方法，定性定量相结合的方法与系统分析法有交叉重叠，思想信息分析的基本方法在思想政治教育评估中同样适用……因此，依据固有的思想政治教育分类方法对思想政治教育大数据方法进行细分虽然便捷，但此种分类以微观的思想政治教育实践为主，具有实操性、个别性、具体性的特征，系统性、层次性及科学性不足，有必要结合大数据方法作用于思想政治教育的过程对思想政治教育大数据方法进行系统的重新分类。

（二）思想政治教育大数据方法的新分类

思想政治教育大数据方法受辩证法等马克思主义哲学和人的本质理论、人的全面发展理论、马克思主义灌输原理等理论指导。在其指导下，应该充分考虑方法分类的逻辑层次，结合思想政治教育的应用场景与特点，在吸取现有分类方法优势的基础上规避其不足，进一步架构逻辑清晰、分类明确、互不交叉、共同作用的思想政治教育方法分类体系。

论及方法分类，一般有着从哲学方法到学科方法再到具体应用方法的逻辑层次。在思想政治教育现有理论中，较为普遍的分类方式有两种：一是纵向的逻辑范式，即在方法论指导下先将研究方法分为定量研究范式及定性研究范式两类，再在两种范式下继续细分为问卷法、访谈法、观察法等具体应用方法，此种分类具有鲜明的逻辑层次；二是横向的内容范式，即以研究对象的内容为准进行区分，现有的思想政治教育方法常见分类方法即为此类模式。整合上述两种范式，以整体性、系统性思维对思想政治教育大数据方法进行分

---

[1] 祖嘉合. 思想政治教育方法教程[M]. 北京：北京大学出版社，2004：223-238.

类，可以参照表 2-1。

表 2-1　思想政治教育大数据方法分类表

方法 \ 分类	作用范式	教育过程	实践应用
思想政治教育大数据方法	定量研究方法	定量分析法	灌输法、讨论法、示范法、激励法、用户画像法、定向推送法、数据预测法、数据教学法、数据评估法……
		定量认识法	
		定量评估法	
	定量定性结合方法	综合分析法	
		综合认识法	
		综合评估法	

首先，以大数据方法在思想政治教育中的作用范式区分，可以分为定量研究方法和定量定性结合方法。定量研究方法指利用大数据技术分析某一特定事物的数据而得出各要素间的相关关系，从而掌握思想政治素养形成模型，为思想政治教育决策提供参考的思维方法，其过程定量、客观，不掺杂思辨因素，具有可重复、可证实的特征，是实证主义研究的研究方法，适用于思想政治教育规律探索、思想政治教育课程与教学设计、思想政治教育评估等宏观问题。定量定性结合方法指的是在利用大数据分析获得思想品德相关数据模型的基础上，加入思辨、经验思维，综合实证主义和人文主义方法的优点综合性分析问题的思维方法，这种方法既具有量化研究的科学性，又富于质性研究对人的关照，适用于思想政治教育信息分析、思想政治教育实施应用、个体思想政治教育等有大量"人"参与的具体的思想政治教育活动。

其次，以思想政治教育过程区分，可以将大数据方法作用范式与思想政治教育过程融合后分为定量分析法、综合分析法；定量认识法、综合认识法；定量评估法、综合评估法，以明确思想政治教育大数据方法在各教育过程中的具体运用。

最后，以大数据思想政治教育实践应用区分，在大数据思想政治教育认识、分析、评估过程的基础上，可以进一步精准使用传统的灌输法、讨论法、示范法、激励法，此外还产生了用户画像法、定向推送法等大数据思想政治教育新方法，用于开展思想政治教育实践。

第三章 思想政治教育大数据方法的时代动因

思想政治教育大数据方法的产生,既延续了我国思想政治教育的一般方法,又有其必然的现实动力、外部趋势与内生需求,与新时代我国社会经济、文化、政治飞速发展的社会现实息息相关。信息时代,全球各国及经济体高度重视大数据的战略性发展及大数据对教育的重构,我国《促进大数据发展行动纲要》《教育现代化2035》,联合国《北京共识——人工智能与教育》,美国《通过教育数据挖掘和学习分析促进教与学》等文件体现了全世界对大数据教育发展的高度重视。在信息技术飞速发展的时代现实与全球广泛重视的外部趋势共同作用下,新时代党和人民对思想政治教育工作提出全新要求:注重构建一体化、协同化育人机制;要求落实以生为本的科学化、精细化导向;强调不断推进理念思路、内容形式与方法手段创新。

一、思想政治教育大数据方法发展的历史条件

方法是主体为实现特定目的作用于客体的中介,既受到客观世界一般规律的制约,又为客体实际情况所影响,"无论是世界观、方法论、客观规律、时间原则,还是主体、客体以及主客体相互作用时表现出来的活动目的和活动内容,都是制约和影响方法产生和发展的因素,它们的稍微变化,都会引发方法的蝴蝶效应。"[①]客观世界的发展变化与主体、客体的新需要是方法革新的根本原因,客观世界的发展引发主体和客体产生新的需求,原有的方法已经不能满足需要,为了更好地实现改造客体的思想政治教育目标,在实践中不断探索新方法成为了必然需要。思想政治教育方法为客观世界所规定,受思想政治教育目的、主体、客体、环体的影响,目的、主体、客体、环体等因素的改变必然导致方法的更新与改变。思想政治教育大数据方法即是人类世界第四次科技革命引发的生产力发展的产物,新时代信息技术飞速发展的社会现实是思想政治教育大数据方法生成的根本动力。

19世纪以来,资本主义发展促进了全球化进程,经济的全球化又进一步加深了文化的全球化,中国在全球化浪潮中先后经历了军事、经济、文化领域的强烈冲击。改革开放以后,我国社会面临着由计划经济到市场经济的巨大转型,社会现实的巨大变化决定了思想政治教育方法不断革新的历史必然,思想政治教育大数据方法的生成、发展是人类认识水平和科学技术发展的产物,也是社会现实发展的客观需要,具有历史和逻辑的必然性。党的十九大报告指出,我国社会主要矛盾已经转化为人民日益增长的美好生活需要和不平衡不充分发展之间的矛盾,中国特色社会主义进入新时代,面对国际、国内经济社会局势的深刻变化,习近平同志指出:思想政治教育工作要因事而化、因时而进、因势而新。

---

① 万美容. 思想政治教育方法发展研究[M]. 北京:中国社会科学出版社,2006:32.

(一)国内外经济社会深刻变化亟需思想政治教育方法因事而化

党的十八大以来,习近平同志多次指出当下世界正面临着百年未有之大变局,"世界多极化、经济全球化、社会信息化、文化多样化深入发展"①深刻革新了现实局势。有学者指出,可以从四个层面理解当今世界变局:一是从经济层面看,以中国为代表的发展中国家的兴起改变了全球"南北关系"的力量对比,发展中国家要求建立更为公正合理的世界秩序,而发达国家为了维持其领导力则试图阻止这一过程;二是从文化层面看,亚非国家呼唤文化上的平等、自主地位,西方国家则希望维持其"西方至上"的优势地位;三是从意识形态层面看,以中国为代表的社会主义市场经济的成功使得资本主义国家加剧意识形态层面和价值观领域的运筹,加剧对社会主义、中国共产党、中国治理体制的歪曲、抹黑、贬低和妖魔化;四是从地缘政治层面看,局部地缘冲突增加,中美博弈成为影响全球局势的最重要变量,美国将"与中国竞争"的战略看作21世纪的标志性特征,不择手段击败中国成为美国两党的共识。② 全球局势深刻变化的同时,国内社会经济发展也有重大变化。2010年,我国GDP总量超越日本,成为全球第二大经济体,人民群众物质生活水平得到极大满足,经济、政治、文化、社会、生态文明等方面面临新的挑战。另外,城乡发展、区域发展不平衡、不充分等矛盾日益凸显,意识形态工作面临西方意识形态攻势加剧及内部意识形态多元的双重挑战,思想政治领域亟需解决的新事物日益增多。内外环境的变化要求思想政治教育"因事而化"。可以从新事物及新方法两个层面理解"因事而化":首先要重视"事"新,即要充分重视因社会经济文化发展而带来的新现象新问题,如"饭圈"是青年文化娱乐化的缩影、"内卷"是经济发展不充分不平衡的负面产物……重视时代发展提出的全新思想政治教育课题是"因事而化"的第一重内涵;与新生事物伴随而来的是智能化、精准化、定制化的营销手段,"精准投放""用户画像""机器学习"等全新技术被用于商业目的的营销之中,西方意识形态正在谋求资本与技术的共谋,以实现从闲暇时间到意识形态的全面占领。新事物呼唤新方法,与数字互联技术伴随而来的新生事物要求思想政治教育方法作出改变。与经过精确计算的互联网营销手段相比,适应新时代新课题的思想政治教育方法体系仍未建立,大多数方法仍然停留在以个别认识全部,以局部代表整体,侧重对过程的考察而缺乏对成效的评价的粗放层面,无法对潜藏着精密的营销策略的意识形态困局进行有效破解。要深刻领会"因事而化"的丰富内涵,在把握新时代新事物的基础上,以新变化充实工作方法,取得新时代思想政治教育工作实效。

(二)思想政治教育学科发展亟待思想政治教育方法因时而进

因时而进,指的是思想政治教育学科应根据时代及形势的变化不断更新方法及思路。党和国家高度重视新形势下思想政治教育工作的创新,2017年《关于加强和改进新形势下高校思想政治工作的意见》指出,"坚持改革创新。推进理念思路、内容形式、方法手段创

---

①2018年9月3日在2018年中非合作论坛北京峰会开幕式上的主旨讲话. 人民日报[N]. 2018-9-4.
②本刊记者. 在世界百年未有之大变局中为民族复兴和美好世界的未来凝聚中国力量:访北京师范大学学术委员会主任韩震教授[J]. 马克思主义研究, 2021(06): 13-19.

新，增强工作时代感和实效性"是高校思想政治教育的基本原则；同年底教育部印发的《高校思想政治工作质量提升纲要》指出，要"坚持遵循规律，勇于改革创新。遵循思想政治工作规律、教书育人规律和学生成长规律，坚持以师生为中心，把握师生思想特点和发展需求，优化内容供给、改进工作方法、创新工作载体，激活高校思想政治工作内生动力。"《中国教育现代化 2035》和《加快推进教育现代化实施方案（2018—2022 年）》等规划均提出要重视教育领域信息技术的迅猛发展，积极发展"互联网＋教育"。2021 年，教育部出台《高等学校数字校园建设规范》，指出教育信息化是引领教育现代化发展的重要路径，高校要充分利用大数据等技术，不断改善学校办学条件，营造网络化、数字化、智能化、个性化、终身化的教育教学环境，促进信息技术与高等学校人才培养、科学研究、文化传承与创新、社会服务、国际交流等方面的深度融合和创新应用，提高教育教学质量和科研服务水平，提升科学决策和教育治理能力，培养具有创新精神和实践能力的高素质人才。[①] 可以看出，发展"互联网＋教育"，以大数据、人工智能、物联网等技术构建匹配时代发展新需求的教育体系是目前我国教育行业的重点发展路径，将对人才培养、科学研究、文化传承、教学质量提升、教育治理能力增进起到巨大的推动作用。思想政治教育落实"因时而进"的要求，要遵循国家教育政策对"互联网＋"的总体部署，重视大数据等新技术对思想政治教育认识、实施、评估全过程的革新，既要看到由大数据、人工智能等技术带来的娱乐主义、网络思潮多元等全新挑战，也要顺应时代需要，以新技术、新方法革新思想政治教育方法。

纵观教育历史进程中教育研究范式的发展，从孔子、苏格拉底、亚里士多德等以个别对象的观察总结为主的思辨研究范式到分析和实验方法为主的近代教育研究范式，再到以测量和实证方法为主的现代教育研究范式，教育学研究认知方法科学性不断增强。大数据技术的运用将推动教育研究范式继续向探寻"全体数据间的相关关系"的数据密集范式发展，使精准、个性、高效的教育得以达成。

当下，技术的飞速发展和经济社会的深刻变化给思想政治教育学科提出了新的要求：从外部局势看，意识形态领域的斗争加剧使得对思想政治教育实效性的需求进一步提高；从教育现代化发展需要看，思想政治教育需要建立科学的评价体系，切实落实立德树人根本任务；从思想政治教育学科自身的发展需要看，加深对思想政治教育过程中的系统规律及因素研究是科学化发展的必由之路。因此，以大数据技术助力思想政治教育是新形势下思想政治教育发展的必然要求，也是思想政治教育"因时而进"的应有之义。

(三) 科学技术更新换代要求思想政治教育因势而新

通过搜集和分析全体数据，挖掘全体数据间的深入联系，探寻事物发展中的规律的科学研究第四范式已经成为新时代科学研究的重要趋势。大数据的巨大生产力已经突破以电子计算机和原子能等为代表的第三次工业革命的重要影响，将人类的认知方式从对模型的假设和验证拓展至对海量的数据进行计算分析从而得出规律的全新范式。大数据已经成为

[①] 中华人民共和国教育部. 高等学校数字校园建设规范（试行）[EB/OL]. http://www.moe.gov.cn/jyb_xwfb/gzdt_gzdt/s5987/202103/t20210326_522685.html.

一种普遍趋势，给人类社会带来从认识方法到实践操作的深刻变革。运用大数据的深刻洞察、精准施教等方面的优势是提升思想政治教育实效，助力我国教育现代化建设的必由之路。习近平总书记指出，思想政治教育要做到因势而新，就是要求教育者深刻把握以大数据为代表的技术趋势、社会发展趋势，及时更新工作思路、工作方法，使思想政治教育进一步适应新时代我国社会主义现代化建设需要，适应当下社会发展实际，以数据密集范式的新思路、大数据的新方法培养好新形势下担当民族复兴大任的时代新人。

大数据方法的深度使用宣告了智慧教育时代的来临，教育事业已经由传统的集中规模化教育向追求效果、量身定制、个体适应的适应性教育转变，正朝向精准、高效迈进。教育环境、方法、设施的转变带动了思想政治教育的全面转型。由于思想品德的难测性、内在性、发展性，一直以来缺乏对思想政治教育成效的测量方法，也缺乏对个体思想政治教育的关注与施行。大数据智慧教育时代的来临使外在行为与思想品德相关性的测量成为可能，大数据的广泛资源与个体匹配为个性化的思想政治教育展示了广阔前景。在新时代全球格局深刻变革，意识形态斗争日趋激烈，价值取向越发多元，信息技术与日常生活结合愈发紧密，党和国家对思想政治教育的要求向实效性转变的时代背景下，以信息技术发展助力思想政治教育方法改革与创新，落实思想政治教育实效性要求，发挥大数据数据量大、定制性强的特征，是新时代把握智慧教育发展大势的应有之义。

二、思想政治教育大数据方法发展的外部趋势

国务院2017年颁布的《新一代人工智能发展规划》指出：大数据等人工智能技术正在引发链式突破，推动经济社会各领域向数字化、网络化、智能化跃升。世界主要发达国家把发展人工智能作为提升国家竞争力、维护国家安全的重大战略，加紧出台规划和政策，将其放在国家战略层面系统布局。大数据作为人工智能技术的基石，在培育新兴智能产业、促进产业升级、推进社会治理等领域展示了广阔前景。而在教育领域，中国、美国等国家和联合国等国际组织均出台了大数据促进教育发展的战略方案，展望了大数据与教育结合的目标、路径与范式。

（一）国际组织教育大数据发展规划

2012年，联合国全球脉动计划发布了《大数据开发：机遇与挑战》报告，指出大数据将在世界各国，包括发达国家和发展中国家社会变革中发挥重要作用。报告指出，发达国家及发展中国家正在经历数据革命，数据量每年高速增长。可以展望的是，对大数据的分析将揭示集体行为间的潜在联系并改进决策方式。针对发展中国家的偏远地区，大数据可以为其获取教育、医疗、经济信息提供有力支持。全球化经济互联时代，局部波动不容易发现但却会对全局产生重要影响，大数据为危机事件的核实、处理、公开提供了高效帮助，为经济组织、政府提供决策辅助——通过数据公开使得经济组织和政府的决策更科学、服务能力更高效。同时，报告指出了大数据时代人们需要面对的隐私、访问和共享、分析与利用等挑战。《大数据开发：机遇与挑战》是关于大数据利用较早、共识度较高的全球性文件之一，虽然报告未就大数据对于教育的改革作出详细论述，但其指出的大数据弥

合欠发达地区教育鸿沟、促进政府治理能力提升、辅助教育决策等方向，给后期人们开发和利用大数据提供了卓有成效的范式依据，是各国起草大数据相关战略文件的重要参考。

2019年，来自全球100多个国家及10余个国际组织的代表在北京发布了国际人工智能与教育大会成果文件《北京共识——人工智能与教育》（下文简称《北京共识》），该文件为利用人工智能技术实现2030年教育议程提供指导和建议，代表了全球教育领域对人工智能发展的权威意见和共同愿景。《北京共识》指出，人工智能技术全面革新了教育、教学、学习方式，大数据等人工智能技术将以多样化的教育供给、创新型的人工智能学习方案、多维度的教学评价等举措促进教育公平、提升决策效率、推动建设全民终身学习社会，推进教育革新。同时，《北京共识》充分阐明了全球各界对以大数据技术为代表的人工智能技术伦理的高度重视，指出在人工智能技术广泛应用于教育领域的同时，应充分尊重学习者的能动性，注意对老年人、妇女等弱势群体的技术平权。要重视大数据等人工智能技术在使用中的数字鸿沟、性别不平等问题，注重教育数据和算法合乎伦理、透明并且可审核，并对人工智能教育进行持续的跟进研究，以明确其对教学产生的影响，为后续的人工智能决策提供充分判断依据。

（二）中国教育大数据发展规划

中国政府高度重视大数据及人工智能相关产业的发展，先后印发了《促进大数据发展行动纲要》《新一代人工智能发展规划》等文件，提出全面推进大数据发展，促进大数据技术在宏观调控、政府治理、商事服务、安全保障、民生服务、产业更新等方面的应用。在政策制定层面，大数据可以与政务融合分析、关联利用，为决策提供信息支持，提高科学性；在政府治理层面，可以将检测检验、违法失信等数据进行汇聚整合，建立预警机制，强化政府决策和风险防范能力，提高管理服务针对性和有效性；在民生服务层面，可以将传统公共服务数据与互联网、可穿戴设备数据整合，开发各类便民应用，优化公共资源配置，提升公共服务水平。为落实新时代教育改革需要，中共中央印发了《中国教育现代化2035》，其中第八项提到加快信息时代的教育变革，这体现了我党在新时代对于以大数据等技术促进教育发展的理念及决心。为了落实党中央的教育方针，教育部印发了《加快推进教育现代化实施方案（2018—2022年）》《教育信息化2.0行动计划》等系列文件，明确了大数据技术在推进教育现代化中的关键作用，指出信息化将会为知识获取方式和传授方式、教和学关系带来革命性变化。

为了促进大数据方法在教育领域的广泛应用及提升教育实效，除了教育领域的宏观政策指导，党和政府还分别针对"互联网+"、大数据、人工智能技术促进生产生活革新作出了部署：国务院、教育部先后印发了《国务院关于积极推进"互联网+"行动的指导意见》《国务院关于印发促进大数据发展行动纲要的通知》《国务院关于印发新一代人工智能发展规划的通知》《关于推进教育新型基础设施建设构建高质量教育支撑体系的指导意见》等系列文件，明确了新时代的信息化转型方向。教育作为国之大计，在上述文件中被多次提及。

《国务院关于积极推进"互联网+"行动的指导意见》指出，要探索新型教育服务供给方式、发展网络化教育、联通线上线下教育资源、开展在线开放课程、实施学分认定与转化。《国务院关于印发促进大数据发展行动纲要的通知》指出,要利用大数据打造精准治理、多方协作的的社会治理模式,要加大数据共享、推动数据开放、统筹数据平台建设、促进治理精准变革。《关于推进教育新型基础设施建设构建高质量教育支撑体系的指导意见》指出,要建设信息网络新型基础设施,实现全国各级教育网络的联通;建设平台体系新型基础设施,实现互联网+教育的协同服务;建设新型智慧校园,实现学校物理空间与网络空间一体化;建设可信安全新型基础设施,强化数据教育监管,保障师生的合法权益。

总的来看,目前我国教育领域相关文件主要从大数据促进教育资源共享、大数据优化教育治理能力、大数据助推智慧教育发展、大数据的数据基建与安全监管四个方面着力构建大数据的现代化应用体系。

大数据促进教育资源共享方面,当下相关政策以建立教育资源共享平台和实施教育个性化定制为主要路径。主要通过大数据获取各类教育、科研、文化资源,以用户画像、深度学习等技术为学校和学习者提供海量学习资源,促进"教育大资源共享计划"的实施,以期实现从"专用资源服务"向"大资源服务"转变的目标。此外,相关政策还鼓励学校和企业共同开发在线学习教育平台,利用大数据技术精准推送定制化教育等服务,从而实现规模化教育与个性化教育的有机结合。

大数据优化教育治理能力方面,相关文件指出要以大数据技术为基础,做好教育业务管理、政务服务、教学管理的数字化变革,建立教育政务资源大数据平台,提升教育管理、行政效能,提升教育治理水平。要依托大数据开展学习需求与能力监测,开展教学、管理、服务数据伴随式收集,以实现资源配置科学化、合理化,继而实现管理精准化与决策科学化。

大数据助推智慧教育发展层面,相关文件指出要加强对信息时代学习者认知和学习行为规律的研究,利用现代技术加快推动人才培养模式改革,鼓励基于大数据分析,制定符合学生发展需求的个性化培养方案;要充分利用大数据对教学及学习过程进行评价,以大数据等新兴技术为基础,开展智慧教育创新研究,推动新技术支持下教育理念与模式的创新、教学内容与方法的创新。

大数据的数据基建与安全监管方面,党和政府充分认识到信息时代的数据基建是大数据等信息技术发挥作用的必要前提,通过数据的全面采集、整体联动和硬件改良、加强监管等方面着力推行"数据基建",通过完善数据库等基础设施和"可信应用"等监管手段来保障教育大数据的顺利推进。

(三) 美国教育大数据发展规划

美国政府 2002 年出台《不让一个孩子掉队》法案,旨在通过标准化考试、公立学校绩效问责等手段促进教育公平,弥合教育鸿沟。此后,美国政府又相继出台了《教育科学改革法案》(Education Sciences Reform)、《教育技术援助法案》(Education Technical Assistance)、《国家教育进度评估授权法案》(National Assessment of Educational Progress)、《创造机会:有效提升技术、教育、科学的促进法案》(Creating Opportunities to Meaningfully Promote Excellence in Technology, Education and Science Act)等法案,促进大数据等新技术在教育领域发挥重要作用。

教育大数据基建方面，美国政府高度重视大数据教育基础设施建设，通过成立州级纵向数据系统基金推动各州建立相互联动的数据系统。2007年颁布的《创造机会：有效提升技术、教育、科学的促进法案》规定学生的个人标识信息、受教育情况、学生评估审核情况、完成课程情况及考试情况均需要完整记录，并需要与高等教育数据系统联动，2009年《美国复苏与再投资法案》则要求州级纵向数据系统应完善和记录学生个人发展的过程性数据。相互联动的州级数据库的建立使充足的、联动的、过程性的、发展性的数据得以记录与储存，为宏观的全国政策导向、州政府的中观调整与改善、学校与教师的微观执行提供了丰富的数据支撑，是大数据在教育领域切实发挥作用的重要基础保障。

教育大数据应用方面，为了促进大数据在美国国内的应用，美国教育部通过汇集大数据教育相关文献和征求大数据专家及相关学者关于教育大数据的相关意见后，于2012年发布了《通过教育数据挖掘和学习分析促进教与学》报告。报告从数据挖掘与学习分析两个层面讨论了教育大数据的基本范式，以横向的自适应教育系统及纵向的教育数据分析介绍了大数据促进个性化教育、发现教育规律、促进有效学习的具体路径及实践应用，对我国教育领域大数据应用的基本范式建构有一定的参考意义。

教育数据挖掘是教育过程中各类数据的综合应用，是通过聚类分析、数学建模等方法对数据进行分析，发现学习者学习结果、学习资源、学习方法、学习策略等学习变量间的关系，从而实现对未来学习趋势预测的过程。报告指出，教育数据挖掘主要有以下几个目标：一是通过整合学习者知识、动机、元认识、态度等信息构建学习者模型；二是通过相关关系构建最佳教育策略模型；三是通过测量各类教学辅助措施与学习结果间的关系评价策略的有效性；四是通过以上模型促进学习者的有效学习。教育数据分析则是通过对教育大数据的分析和处理，利用已知模型解释影响学习者的重大问题，为学习者提供适应性反馈的大数据利用过程。①

总的来说，《通过教育数据挖掘和学习分析促进教与学》报告主要提出了通过利用数据挖掘和学习分析路径进行学习者知识建模、学习者行为建模、学习者经历建模、学习者建档、教学策略评估，从而实现学习行为的预测和个性化学习系统的构建的大数据方法运用路径。

在此报告之后，美国教育部又发布了《未来学习准备：重塑技术在教育中的角色》报告，重申了教育过程中以数据挖掘和学习分析实现个性化学习、以数据挖掘获取评价数据从而改善学习等大数据教育革新路径。

纵览全球，重视大数据与教育的充分结合已经成为普遍的外部趋势。我国的大数据教育政策与全球各国基本一致。在本节尾声，可以将当下大数据教育领域的外部趋势总结为以下三点：一是以数据作为促进教育资源共享的重要手段；二是以大数据作为实现教育治理能力提升的重要依托；三是将大数据作为促进智慧学习变革的主要路径。美国以灵活的专题报告形式归纳了大数据作用于智慧学习变革的具体方法。结合美国教育部门的报告及

---

① 徐鹏，王以宁，刘艳华，等. 大数据视角分析学习变革：美国《通过教育数据挖掘和学习分析促进教与学》报告解读及启示[J]. 远程教育杂志，2013，31(06)：11-17.

目前学界的研究热点,可以认为,大数据作用于智慧学习变革的核心模式有二:其一是基于对学习者学习过程中各类数据的挖掘和分析,建立相关模型,利用模型对学习结果及规律进行预测,如基于学习者立体化的学习数据对其当前知识、元认知、学习动机、思维能力、学习态度等个性特征进行还原分析,从而针对个体学习者差异实施建模①,以评估其后续学习效果;其二是基于数据挖掘获得的已知模型对学习行为进行分析,从而获取教学支持、学习反馈、学习路径的评价与策略,如利用大数据分析不同学习结果与教学策略间的数据关系,从而推测不同教学策略可能引发的学习成果,并将其在教学中予以应用。②应该充分吸纳全球各国对大数据教育的规划及展望,借鉴大数据促进智慧教育变革的相关研究成果,将大数据方法与思想政治教育相结合,以适应数据革命时代教育提质增效的时代要求。

三、思想政治教育学科发展的内生需要

思维是通过观察到的事物来判断推测未知事物的一项思想活动,是人脑借助于语言对客观事物的本质及其内在规律的概括与间接反映,旨在探索与发现事物的本质联系与发展规律。③ 不同的思维方式形成了不同的认知方式,思想政治教育大数据方法具有区别于一般思想政治教育方法的若干独有特征。

思想政治教育方法是教育者对受教育者在思想政治教育过程中所采用的思想方法和工作方法。④ 一直以来,思想政治教育方法以唯物辩证法联系的观点和方法、发展的观点和方法、偶然与必然相统一等方法为指导。大数据技术给人类认知方式带来了革命性变化,促进了思想政治教育学科认识路径的发展。

(一)思想政治教育一般方法的逻辑范式

中国共产党自建党以来就十分重视思想政治教育工作,将思想政治工作视作一切工作的生命线,形成了思想政治工作的基本方针和工作遵循。

马克思主义哲学辩证唯物主义、历史唯物主义是思想政治教育方法的哲学基础,为人们认识思想政治教育规律、开展思想政治教育工作奠定了基本认知方法。社会存在与社会意识关系原理阐释了思想政治品德形成的基本规律,实践的观点阐释了认识的产生、发展根源,唯物辩证法一切从实际出发、实事求是、矛盾的普遍性和特殊性、人的本质等理论均为我党思想政治教育方法奠定了强有力的哲学基石。马克思主义哲学是科学地揭示自然界、人类社会、思维领域发展规律的根本方法,即使在社会现实高度发展,思想政治教育

---

① 牟智佳,俞显,武法提. 国际教育数据挖掘研究现状的可视化分析:热点与趋势[J]. 电化教育研究,2017,38(04):108-114.
② SALI U, ANAND, RAO A. An effective instruction by mining online graphs[J]. International journal of computer trends and technology, 2013, 4(9):179-192.
③ 转引自李新,杨现民. 教育数据思维的内涵、构成与培养路径[J]. 现代远程教育研究,2019,31(06):61-67.
④ 教育部社会科学研究与思想政治工作司. 思想政治教育方法论[M]. 北京:高等教育出版社,1999:3.

主体、环体、客体均产生新的变化的当下，仍然对现实具有鲜明的方法论意义，闪烁着真理的光芒。作为世界观和方法论，马克思主义哲学为思想政治教育工作者开展思想政治教育活动提供了根本指示及遵循。我党以此为指导，在各个革命时期逐步形成了灌输教育法、调查研究法、民主讨论法、群众路线法等思想政治教育工作方法。总的来说，思想政治教育一般方法有思辨和实证两个基本范式：思辨范式主要通过理论推理、逻辑思辨、经验感受、工作实践来认识事物的本质特征，归纳工作方法；实证范式又可以区分为量化方法和质化方法，量化方法主要是通过对研究对象进行数据化处理，利用数据分析事物间的关系得到证实或证伪的方法；质化研究方法主要是基于诠释主义的研究路径，通过对事物现象进行整体性的研究从而全面理解和阐释事物特征的方法。①

从认识论来看，常见思想政治教育方法大多是基于因果关系前提，以思辨路径探寻一般规律，多采用经验主义范式的归纳方法。归纳方法的运用要在实践—认识—实践中经历从个别到一般的认知过程，使认识经历从感性到理性的升华，从而形成一般性的规律。传统思想政治教育方法以样本抽样的方法完成感性到理性的升华，即通过抽取个别具有代表性的数据进行认识，进而扩展到对全体样本的判断。那么，样本数量与采样的随机性越大，其认识就越接近事实，科学性越强。然而受制于数据获取手段的落后及认识方法的限制，思想政治教育方法形成过程中的抽样大多缺乏足够的样本支撑，人们习惯于利用少量关键信息作出对整体的判断。

因此，一般思想政治教育方法大多数基于思辨性的逻辑活动，部分基于实证的抽样，采用从局部案例推演出全局的认识路径。传统思想政治教育方法呈现了基于因果关系的重思辨、轻实证，以部分样本归纳整体规律的认知特征。

（二）思想政治教育大数据方法的认知思维

抽样方法由于其经济便利性一直是实证主义青睐的重要方法，然而在应用过程中却暴露出了若干缺陷，如样本选择的随机性将极大地影响结果的精确度、对结果精确性的关注往往使细节信息被忽略，其分析的过程表现出了一维、线性、机械的特征。这些缺陷制约了人类对整体的认知和理解，大数据方法就很好地规避了上述问题：大数据方法摒弃了传统认知方式对抽样的偏执，转而对全体数据进行分析；不追求传统认知方式对精确性的要求，转而从混杂的数据中发现隐藏的关联。此外，一些观点认为大数据方法放弃了一般科学范式对因果关系的追求，转而探寻相关关系。笔者则认为，与其说是对因果关系的放弃，不如说是受限于认知过程的精确性及封闭性，在大数据的全样本和混杂性中的因果关系尚不能被证实的现实下转而以相关关系逼近对事实认识的一种"退而求其次"的选择。以上特点决定了大数据方法的全新认知范式。

首先，大数据方法是一种整体性的认知范式。与传统思想政治教育方法通过少数样本代表获取普遍方法的路径相较，大数据方法放弃了对抽样的追求，转而以一种整体的视角对全体数据进行分析，这不仅是大数据技术的客观需要，也是人类科学认识逐步发展的见证与体现。20世纪中后期，人类的认识论由原子主义向整体主义演变，有学者指出"总体

---

① 张瑜．近10年来思想政治教育研究方法的新进展[J]．思想教育研究，2019(05)：34–39．

性方法是马克思考察人类社会机器发展历史的基本方法之一。"①以往人文社会科学利用实证主义方法容易走向客观性、普遍性、简单性、基元性、稳态性、必然性、重复性等线性因果关系的简单还原论原则之中②,缺乏对人文社会现象多元复杂性的照观。然而人的思想品德形成过程是一个多因素构成的复杂系统,是社会经济制度及经济水平、社会文化、社区环境、家庭环境、学校环境、社会组织及各类非正式交往环境、大众传播环境等外部因素与品德情感、品德认识、品德信念、品德行为等内在因素相互渗透、作用的结果,具有复杂性、多元性、非线性的形成特征。因此,研究思想品德需要以整体的视角纵观主客体因素的相互影响。大数据的整体性认知范式与思想品德形成过程的综合性、复杂性具有一致的内在逻辑,是人类认识水平由一元向多元,由机械向整合,由个别向整体不断发展提高的生动写照。

其次,大数据方法采用动态性的认知范式,可以将大数据的思维表征视作具有智能的物理符号系统,需要经历输入信息、中枢计算、信息表征的处理过程。传统的中枢计算过程是静态的,大数据却因其输入信息的实时性、多源性而使得信息的表征结果处在持续的动态之中。大数据结果始终随输入信息的变化而呈现有机的动态性。动态性的认知范式符合唯物辩证法实事求是、因地制宜的指导思想,是事物在永恒发展变化的具体体现,有助于人们进一步揭示研究对象的内在规律,提升人们的认知水平。

再次,大数据方法是基于混杂性追求关联性的认知范式。大数据思维所倚赖的大数据技术和大数据分析抛弃了传统意义上理论模型建构的问题求解路径,转而强调在海量数据积累的基础上发掘数据之间的关联特征,进而探索数据表征背后事物之间所具有的非因果的多样态关系。③ 人类的科学研究以追求事物现象背后的因果必然性为根本目的,由此形成了因果性认知传统,而随着世界的不断发展及人类认知能力的不断提升,越来越多不能为因果关系所解释的事物亟待人们弄清其背后原委,基于非线性、非还原性的复杂性科学成为逐步兴起的研究范式。复杂性科学以非机械的还原论为显著特征,注重探寻非因果、非线性的关系。大数据方法沿袭了复杂性科学的方法理念,一改对精确性的追求,转而从混杂的数据中找出多样的相关性,是一种基于数据混杂性探究相关性的认知范式。思想品德及思想政治教育过程就是不能用机械的还原论解释的典型问题,内因外因等均对思想品德的形成产生影响,将大数据方法应用于思想政治教育,符合思想政治教育的复杂性和社会性特征,有助于帮助教育者从整体性和相关性的视角进一步把握和认识思想品德形成的规律。

总的来说,大数据方法是一种非线性、非还原的复杂性科学认识范式,大数据技术在处理过程中充分利用了粗糙集、模糊集、遗传算法等软计算方法,重构了因果关系的确定性,将不同事物之间的确定关系由决定论引向了概率论,其"关系实在"在"本体性"上更倾向表征事物之间的相关关系,④与思想品德形成这一多维过程的内在逻辑不谋而合,为

---

①杨国立,谢萍.大数据时代的人文社会科学研究路径[J].图书情报研究,2016,9(04):3-8.
②欧阳康.新世纪我国人文社会科学研究的范式转换与方法论创新(论纲)[J].天津社会科学,2003,(04):4-7.
③④刘伟伟.大数据思维的相关哲学问题研究[M].北京:科学出版社,2021:111.

认识思想政治教育规律开辟了新的路径。

四、思想政治教育工作的全新要求

党的十八大以来，以习近平同志为核心的党中央高度重视思想政治教育工作，先后发表一系列重要讲话，作出一系列重要指示批示，为学校思想政治工作指明了前进的方向。为了贯彻落实习近平总书记重要讲话精神，相关部门先后印发多项举措文件，推进新时代思想政治工作再上新台阶：2016年，全国高校思想政治工作会议召开，中共中央、国务院印发了《关于加强和改进新形势下高校思想政治工作的意见》（下文简称《意见》），对加强和改进高校思想政治工作作出了明确要求及部署；2017年，中共中央教育部党组印发《高校思想政治工作质量提升工程实施纲要》，将全国高校思想政治工作会议和《意见》的贯彻落实引向深入；2018年，全国教育大会召开，习近平同志发表重要讲话，总结了党的十八大以来我党就教育改革提出的一系列新理念、新思想、新观点，对新时代新形势推进教育现代化、建设教育强国作出总体部署和战略设计；2019年，中共中央、国务院印发《中国教育现代化2035》，对推进教育现代化工作作出明确布置；2020年4月，教育部、中组部、中宣部、中央政法委、网信办、财政部、人社部及共青团中央8个部门联合印发《教育部等八部门关于加快构建高校思想政治工作体系的意见》，同年5月教育部印发《高等学校课程思政建设指导纲要》；2021年，中共中央、国务院印发《深化新时代教育评价改革总体方案》，贯彻落实习近平总书记关于教育的重要论述和全国教育大会精神，加快推进教育现代化。进入新时代，党和国家对坚持立德树人，加强学校思想政治工作，深化教育改革，推进教育现代化事业提出了新要求，为新时代思想政治教育工作实践指明了新方向。梳理党的十八大以来印发的相关重要文件，关注新提法、新要求是明确新时代思想政治教育工作方向及路径的重要前提。

（一）三全育人视域下的协同趋势

2004年，《中共中央国务院关于进一步加强和改进大学生思想政治教育的意见》[①]提出要充分发挥课堂教学在大学生思想政治教育中的主导作用，高等学校思想政治理论课程是大学生思想政治教育的主渠道，高等学校各门课程都具有育人功能，社会实践、校园文化、网络思想政治教育、心理健康教育等是大学生思想政治教育的有效途径。一直以来，我党思想政治教育工作形成了党委统一领导、党政齐抓共管、专兼职队伍相结合、全校紧密配合、学生自我教育的领导体制和工作机制。在具体实践中，高校思想政治教育工作一般在学校党委领导下由专门的学生工作部（处）牵头，由专兼职思想政治教育辅导员、思想政治理论课教师负责实施，思想政治理论课教师和辅导员是思想政治教育工作的主体。由于没有明确教学、管理、服务人员的思想政治教育责任，部分教职员工对思想政治教育存在"事不关己，高高挂起"的不当想法，高校思想政治教育阵地未能有效拓展，教学等环节的思想政治教育作用不明显，思想政治教育工作合力未能形成，成效不够显著。2016年

[①] 参见《中共中央国务院关于进一步加强和改进大学生思想政治教育的意见》，中发〔2004〕16号文。

《关于加强和改进新形势下高校思想政治工作的意见》①提出了坚持全员全过程全方位育人，把思想价值引领贯穿教育教学全过程和各环节，形成教书育人、科研育人、实践育人、管理育人、服务育人、组织育人长效机制；突出了教育立德树人的根本任务，对思想政治教育提出了内容完善、标准健全、运行科学、保障有力、成效显著的一体化构建要求。为了进一步落实一体化要求，2020年教育部及中组部、中宣部等8个部门联合印发了《教育部等八部门关于加快构建高校思想政治工作体系的意见》，从制度层面确立了思想政治教育是贯通学科体系、教学体系、教材体系、管理体系的系统工程。

党的十八大以来习近平总书记关于教育的系列重要讲话具有鲜明的一体化育人导向，党和国家的相关政策文件将高校教育教学的全过程纳入思想政治教育体系，充分发挥课程、科研、实践、文化、网络、心理、管理、服务、资助、组织等工作的育人作用，扩大了思想政治教育工作的覆盖面和辐射圈，将思想政治教育从个别群体、个别部门、个别课程上升至全员、全过程、全方位的格局，提出了新时代思想政治教育工作一体化、协同化发展的时代要求。

（二）遵循规律要求下的生本导向

党和国家坚持从工作实际出发，尊重思想政治教育的客观事实及规律。党的十八大以来，党的思想政治教育工作在坚持和加强党的全面领导的基础上呈现出显著的以生为本、遵循教育规律的现代化趋向。

我党在思想政治教育工作中积累了宝贵经验，为推动教育改革、国家发展和民族振兴作出了巨大贡献。随着国际国内社会形势的深刻变化、信息技术的高度发展，大学生思想的独立性、多样性、选择性日益增强，思想政治教育面临的新困难、新问题日益增多，形成了原有的思想政治教育认知与新时代思想政治教育现状不适应、传统思想政治教育方法与当代思想政治教育需求不适应、普遍的思想政治教育方式与个别的学生需求不适应的困境。从思想政治教育实践过程看，前期以行政命令替代实证决策的现象仍然较为普遍，思想政治教育实践的科学性有待增强；中期对思想政治教育实践的教育规律、品德形成规律探索较为缺乏；后期对思想政治教育实践的成效评价体系尚未完善。思想政治教育活动"以生为本"的具体实践机制尚未落实，"以师为主"的教育局面仍然较为突出。满足新时代学生对思想政治教育的个体化、多元化需求，遵循新时代教育的生本导向成为当代思想政治教育发展的鲜明需要。

面对时代需要，党的十八大以来习近平总书记关于教育的重要论述及党中央多个重要文件都呈现出尊重教育规律、突出学生在思想政治教育中的关键地位，以科学化、精细化实现思想政治教育工作现代化的突出导向。

《关于加强和改进新形势下高校思想政治工作的意见》指出，要坚持和遵循教育规律、思想政治工作规律、学生成长规律，把握师生思想特点和发展需求，注重理论教育和实践活动相结合，普遍要求和分类指导相结合，提高工作科学化精细化水平②；中共教育部党组《关于认真学习贯彻全国教育大会精神的通知》指出，针对不同对象要采取具体的、适宜

---

①②参见《关于加强和改进新形势下高校思想政治工作的意见》，中发〔2016〕31号文。

的、分类指导的方式,要加强理论概括、学理支撑和经验集成,不断推动学习宣传贯彻落实大会精神向规律层面升华,为加快教育现代化提供强大动力[1]。新时代,我党在吸收和利用思想政治教育工作优良传统的基础上,充分重视把握思想政治教育工作中的教育规律、工作规律、学生成长规律,尊重学生多样化、个体化需求,将以人民为中心发展教育落到实处,对基层思想政治教育工作提出了科学化、规律化、精细化的时代要求。

(三) 政策导向下的思政工作创新

中国特色社会主义进入新时代,社会主义现代化建设、社会的进步更新与人的自由全面发展对思想政治教育提出了全新要求,原有的工作思维、工作内容、途径方法已经不能适应新的形势。党的十八大以来,党和国家一直强调思想政治教育的理念思路、内容形式、方法手段创新。

具体来看,工作创新首先是工作阵地新。党和国家对互联网思想政治教育工作的重视前所未有,提出了基层要加强互动社区、教育网站、学术网站、微博微信及手机客户端的思想政治教育资源建设,要以大学生喜闻乐见的方式开展思想政治教育等新要求。基层社区、学术网站、新媒体空间成为思想政治教育的重要阵地。其次是教育途径新。除了传统的课堂主渠道,党和国家重视开拓实践育人、文化育人、网络育人、管理育人等全员全过程全方位的育人渠道,把思想政治教育贯穿学生的学习发展过程及各项学习生活活动。再次是评价方式新。一直以来,高校思想政治教育工作评价存在着评价谁、谁评价、评价什么、如何评价的难题。2014 年出台的思想政治教育评价体系对学校及政府部门的思想政治教育工作评价标准及方式作出规范,但缺乏对教师、学生等其他教育主体及教育教学过程的科学评价体系。对学生的思想政治教育评价是发挥教育立德树人作用的重要环节,目前对学生的思想政治教育评价还没有统一标准,一些学校流于形式,还有一些学校将思想政治理论课考试等结果性评价作为评价学生的主要标准和手段,对思想品德形成过程中的综合性、多元性、过程性、发展性考虑不足,科学有效性不够,重智育、轻德育、轻体育的现象一定程度上依然存在。面对实践工作中的具体问题,习近平总书记指出:要深化教育体制改革,健全立德树人机制,扭转不科学的评价导向,坚决克服唯分数、唯升学……的顽瘴痼疾[2],从根本上解决教育评价指挥棒问题。2021 年,《深化新时代教育评价改革总体方案》印发,明确提出要改革党委和政府教育工作评价、学校评价、教师评价、学生评价、用人评价,特别提出了要树立科学成才观念,创新德智体美劳过程性评价方法,完善综合素质评价体系,探索学生、家长、教师及社区参与评价的有效方式,将学生品行日常表现和突出表现,特别是践行社会主义核心价值观情况作为学生综合素质评价的重要内容。[3] 最后是工作方法新。目前,全球技术革命不断深化,大数据、人工智能等技术与人类生产生活高度结合,信息技术成为促进教育现代化、推进教育改革的重要力量。党和国家高度重视新时代思想政治教育工作的路径创新,注重运用新技术新方法开展工作,注重

---

[1] 参见《中共教育部党组关于认真学习贯彻全国教育大会精神的通知》,教党〔2018〕50 号文。
[2] 习近平总书记在全国高校思想政治工作会议上讲话(摘要)[N]. 人民日报,2016 – 12 – 09.
[3] 参见《深化新时代教育评价改革总体方案》,中发〔2020〕19 号文。

推动思想政治教育工作传统优势同信息技术高度融合,推动易班等网络思想政治教育平台全国共建,推进中国大学生心理健康网络测评系统等数字化手段在实践工作中的应用,要求建立校园综合信息服务平台,满足师生工作学习的信息化要求,重视通过信息化等手段探索学生、家长、教师、社区共同评价的德育评价新模式。

总的来说,党的十八大以来,面对新时代的社会发展、技术更新、人民需要,党和国家高度重视,快速应对,提出了以信息技术为核心的新方法、新思路,展现了极高的治理能力和治理水平,也对基层思想政治教育工作提出了新的要求:思想政治教育工作要富于时代感,符合发展趋势,注重在工作中充分利用新方法、新手段解决新问题。

五、思想政治教育研究的普遍期待

与已经充分应用大数据的互联网、营销等行业相比,教育领域大数据方法的应用实践仍处于起步阶段,但不少研究已对大数据教育的应用路径作出了摸索与实验。参照教育学大数据技术的相关研究,结合思想政治教育阶级性、长期性、发展性等学科特点,根据《中国教育现代化2035》《关于加强和改进新形势下高校思想政治工作的意见》等文件及思想政治教育工作实际与大数据方法五种常见模型,通过共性凝练,研究认为学界对思想政治教育大数据方法提出了三种普遍性期待,分别是教育治理智能化、思想政治教育资源多样化、思想政治教育实践智慧化。

(一)以数字化推进思想政治教育治理现代化

党的十八届三中全会提出"推进国家治理体系和治理能力现代化"后,"治理"一词成为学界和业界共通的热门政策话语,教育治理也成为了研究热点。教育治理是指国家机关、社会组织、利益群体和公民个体通过一定的制度安排进行合作互动,共同管理教育公共事务的过程。[①] 冯刚等思想政治教育学者提出了"思想政治教育治理体系现代化"的时代命题和展望。从教育管理到教育治理,强调的是多主体参与的合作管理、共同管理、共同治理,其主体不再限于政府部门,而是由多主体共同合作,实施民主式治理。[②]考虑到思想政治教育特有的阶级性,教育者和教育对象在教育过程中并非处于绝对的对等地位,不受思想政治教育目标限制和制约的绝对自由也不存在,基于此,我们将思想政治教育治理定义为国家机关、社会组织、相关利益群体通过一定制度安排进行实践及互动,使思想政治教育科学化的过程,而科学化的内涵则包含了治理价值的科学化、治理主体的科学化及治理过程的科学化。大数据方法在思想政治教育过程中的充分应用有力地推进和保障了思想政治教育治理的现代化进程,实现了以基于大数据的教育智能化保障思想政治教育治理现代化的作用路径。

思想政治教育治理数字化指的是思想政治教育在信息化基础上,以大数据的全数据和关联性思维对包含学业、生活、文体、奖助等在内的思想政治教育管理、思想政治教育决策、思想政治教育实施等活动的认识、决策、实施方式进行数据化改造,使大数据方法的

---

①②褚宏启. 教育治理:以共治求善治[J]. 教育研究,2014,35(10):4-11.

科学认知、趋势预测、特殊识别等功能得以广泛服务于思想政治教育治理的实践过程。

首先，大数据方法是思想政治教育实现从管理到治理的重要技术依托。得益于我国近20年的教育信息化建设，数字校园在高校中已基本普及，教务、后勤、门禁、健康、奖助等业务的数字化已经融入学校日常管理。然而，随着共建共享理念的深入，传统数字校园服务数据封闭和业务割裂的弊端随之显现。原有的数字校园建设主要基于管理架构，不同业务部门的功能相互割裂，数据各自留存。新形势下，党中央、国务院提出了"全员育人、全程育人、全方位育人"的时代要求，这就要求各业务部门间打破壁垒、共享数据。目前不少高校整合了原有各项业务，成立网上办事大厅，并通过"学生一张表""教师一张表"等举措实现校园内全过程业务数据的共享和可视化，为思想政治教育提供了全面的数据参考，促进了学校由管理者向服务者的角色转变，从技术层面奠定了思想政治教育治理现代化的基础。

其次，大数据方法的应用促进了思想政治教育治理的主体科学化。一直以来，思想政治教育研究有"单主体说"和"双主体说"的争鸣，单主体说认为思想政治教育者（教师）是思想政治教育活动的主导者，学生是教育客体，是教育和灌输的对象；双主体说则认为思想政治教育者和思想政治教育对象（学生）均是思想政治教育的主体，因为在教育过程中，教师是主体，要根据一定的思想观念、政治观点、道德规范对教育对象实施有计划的影响，而在吸收内化过程中，学生是主体，学生发挥主观能动性，对教育内容、方法进行吸收和内化。近些年，随着对教育对象主观能动性的重视，相关理论不断完善，"单主体说"也提出了不同于一般哲学概念主体、客体间对立统一的，适用于思想政治教育的"主导型主体"和"主体性客体"的概念①。本书则主要采纳了主体际关系的观点，充分考虑教育对象主观能动性的发挥。随着思想政治教育相关理论的完善，学生在教育过程中的重要地位越发凸显，这也符合教育治理多主体共同参与的时代要求。大数据方法充分重视教育对象，强调不仅仅是使用单纯的灌输方法，还要根据教育对象各类行为产生的大量数据，对其特点、需要进行分析，充分尊重其个人的主体性，这些理念有力地助推了思想政治教育治理的主体科学化进程。

最后，大数据方法促进思想政治教育治理过程的科学化。小数据时代，人们习惯在理论指导基础上局限性地选择关联物，进而探究其产生机制和内在机理。② 即采用以因果关系为基础，对世界观确定性、可描述性及其普适性进行体认的机械思维为方法论。③ 落实到具体的思想政治教育工作，表现为人们的思想政治教育研究是在人的思想品德形成与发展规律、思想政治教育过程的特征、矛盾规律等原理指导下不断探索"有目的、有计划、有组织的教育"与"形成一定社会所期望的思想品德"两者间的因果关系。但是，因果关系擅于解决确定性问题，对广义思想政治教育工作中受教育者思想品德形成发展过程中的不确定因素解释力不足。此外，与容易明确的相关关系相比，要证实思想政治教育过程中明确的因果关系十分困难。因此，通过思想政治教育引发教育对象内在思想品德形成及外显

---

① 唐斌. 近年来思想政治教育学主客体研究的争鸣及评析[J]. 思想政治教育研究，2016，32(01)：41-44.
② 舍恩伯格. 大数据时代[M]. 盛杨燕，周涛，译. 杭州：浙江人民出版社，2013：74-75.
③ 赵建超. 大数据时代高校隐性思想政治教育的实践思维创新[J]. 思想教育研究，2021(04)：36-40.

行为变化的具体机理仍然像黑箱般神秘,人们评价思想政治教育质量时也往往以对其完成性的评价代替对其实效的评价。

一般来说,思想政治教育者开展思想政治教育的信息获取、分析和决策主要采用社会调查法、观察体验法、矛盾分析法、系统分析法等①,以个别分析代表整体情况并为教育策略提供参考,其核心思想是抽样。由于数据量小、随机性差,这类方法在面对受教育者群体人数多的情况下,认识结果与真实状况偏离的情况较为普遍,是一种粗放型的认知方式。大数据方法的使用可以有效改善这一不足:在思想政治教育决策层面,大数据方法主要利用基础数据、管理数据、服务数据和舆情数据,以数据挖掘探寻思想品德形成过程的若干因素与品德形成结果间的相关关系,并以此建构数学模型,准确地认知思想政治教育对象的特征及趋势。这种方法改变了传统思想政治教育以小部分数据样本代表受教育者总体的统计抽样思路,利用全样本分析方法规避了抽样误差缺陷,极大地提升了认知的精确性。大数据方法具有数据量大、场景多样的特征,能精准地获取个体或群体的思想品德信息,使思想政治教育活动从"有限个案"向"数据决策"演化②,即以占有大量数据为基础,形成集整体性、多样性、相关性、动态性于一体的数据化思想品德信息认知范式,从而极大地提升思想政治教育认知、分析、决策的科学化,有效推进了思想政治教育治理能力的现代化。

(二) 以海量资源推进思想政治教育个性化

思想政治教育个性化指的是基于马克思主义人学理论,通过一定手段启发、引导教育对象通过发展自由个性,实现与劳动能力、社会关系的全面协调发展的教育实践。其核心在于尊重教育对象的个性,促进其自由发展。

人的个性是为每一个体所独有而与他人相区别的规定性,它在与他人和社会的比较及相互作用中得到确证和实现。③ 马克思主义哲学将未来社会"自由的社会个人"的全新个人发展形态与自由个性紧密相连④,可见马克思对"个性"之于人的自由全面发展的高度重视。马克思指出:"一个种的全部特性、种的类特性就在于生命活动的性质,而人的类特性恰恰就是自由的有意识的活动"⑤,根据自己的需要而产生的个性是人的本质体现之一,人的自由个性的全面发展是人的全面发展的重要组成部分。思想政治教育以促进人的全面发展为价值旨归,必然要遵守全面发展的重要内涵——尊重思想政治教育对象的个性化要求,使思想政治教育由传统的灌输教育向启迪学生内生性的自我教育发展,促进思想政治教育对象在认识自我、发现自我的基础上发展自我。

大数据方法以实证化的数据分析开辟了认识教育对象个性的全新路径。生产关系、社会关系及人的需要紧密联系、有机结合,从而构成了人的本质,处在不同生产关系、社会

---

①教育部社会科学研究与思想政治工作司. 思想政治教育方法论[M]. 北京:高等教育出版社,1999:18-19.
②姚松. 大数据时代教育治理转型的前瞻性分析:机遇、挑战及演进逻辑[J]. 现代远程教育研究,2016(04):32-41.
③汪信砚. 论马克思的"自由个性"概念[J]. 学习与探索,2004,(05):11-15.
④周世兴. 个人的历史与历史的个人:马克思个人理论研究[M]. 北京:人民出版社,2013:180.
⑤马克思恩格斯全集:第1卷[M]. 北京:人民出版社,1995:46.

关系及需要中的人的个性必然不同。大数据方法使教育对象的个人行为习惯、决策风格、思想水平、个人需求得以精准呈现，教育者对教育对象的认识由原来的感性、片面向全面、客观转变。

大数据方法激活了思想政治教育资源从数字化向数据化的转型。数字化与数据化一字之差，其内涵却大不相同。数字化指的是将模拟数据转化为计算机可以处理的二进制数据，如将纸质版的图书扫描成图像格式的电子文档是一种数字化过程，但图像内容并不能直接作为数据进行量化的统计和分析，这就需要再进行数据化过程，即将数字资源转化为可供量化分析的数据的处理过程。思想政治教育数字化资源主要包括电子读物、教学视频、影视资源等，实现思想政治教育资源的个性化投送不仅需要完成对思想政治教育对象的大数据分析，还需要完成思想政治教育资源的数据化匹配，这就要求思想政治教育数字化资源向数据化转型，以实现相关资源更充分更生动的数据化利用。

大数据方法使多元思想政治教育资源与个性思想政治教育需要相匹配。通过采集学习者的政治素养、理论水平、道德修养、思想品德现状数据，利用数据的精准匹配和预测功能，可以实现对教育对象的定向资源投放，从而解决互联网时代海量思想政治教育资源与个性思想政治教育需求间的结构性错配问题。大数据技术使得思想政治教育的精准化成为可能——通过大数据建模形成针对不同教育对象的用户画像，从而形成差异化的教育方案，使多元教学资源与个人精准需要之间的桥梁得以打通，多元思想政治教育资源与个性思想政治教育需要相匹配。

（三）以智能化推进思想政治教育实践智慧化

思想政治教育实践指的是社会或社会群体用一定的思想观念、政治观念、道德规范对其成员施加有目的、有计划、有组织的影响，并促使其自主地接受这种影响，从而形成符合一定社会一定阶级所需要的思想品德的全部实践活动的总和。[①] 思想政治教育实践有广义和狭义之分。广义上，按照三全育人要求，高等学校全员、全过程、全方位的教育活动均可视作思想政治教育实践，其中包含教学教务、科学研究、综合管理、日常服务等环节，与思想政治教育治理的范围基本重叠。狭义上，思想政治教育实践指以思想政治教育课程为主的思想政治教育主渠道。前文已经就大数据促进思想政治教育治理现代化进行了讨论，此处仅从狭义视角对大数据方法以智能化手段促进思想政治教育实践智慧化展开讨论。

思想政治教育实践智慧化首先体现在思想政治教育对实效的追求。在思想政治教育课程中，大数据方法在前期通过大数据掌握影响学习者政治素养、理论水平、道德修养相关因素的数据模型，然后利用教学数据等，通过评估学习者的学习反馈和适应性情况，调整教学方式、策略及素材，并根据相关数据模型对学习者的学习成效及外显行为进行预测并做出引导，提升思想政治教育效果，从而促进思政课堂由传统的经验模仿范式、计算机辅助范式向数据驱动范式升级。思想政治理论课是思想政治教育的主渠道，其目的在于提升受教育者的思想政治水平，使其具备社会主义建设者和接班人应具备的政治素养、理论水

[①] 陈万柏，张耀灿．思想政治教育学原理（第三版）[M]．北京：高等教育出版社，2015：7.

平、道德修养，应具有实效性。即通过思政课教学，学生的政治素养应得到进一步提高，理论水平得以进步，社会主义道德修养有所强化。小数据时代思政课教学研究大多重思辨而轻实证，采用哲学与经验取向的思辨性研究多，科学取向的实证研究少，对提升思想政治教育实效的建议做法多，对学生思想政治素养提升与思政课教学行为间相关关系的研究少，对思政课的有效性研究仍然缺乏有说服力的研究范式。大数据方法的应用使这一情况得到极大缓解，通过对教育对象外显行为与思想政治教育成效间的相关性研究，思想政治进步得以以数据形式呈现，思想政治教育实效性更加凸显。

思想政治教育智慧化还体现在思想政治教育由统一化、标准化教学向适应性教学转变。以往，思想政治教育者主要通过结果性评价及主观经验判断教育对象的实际水平，大数据方法的使用将极大地改变这一现状。教学开始前，大数据技术通过评估学生思想政治素养行为对学生思想政治状况形成个性化的精准判断；教学过程中，大数据技术可以实时采集学生问答、解题、互动的速度、质量、习惯、情感等数据并向教师实时反馈，教师则可以根据实时反馈精准地掌握学生个体的学习情况，实现思政课教学精准化。

最后，思想政治教育智慧化体系促进高校思想政治教育评价的不断改进。目前，国内对大学生的思想政治教育评价以测验、考试等结果性评价方式为主。2021年，教育部《深化新时代教育评价改革总体方案》（下文简称方案）提出"落实立德树人根本任务，遵循教育规律，系统推进教育评价改革，发展素质教育，引导全党全社会树立科学的教育发展观、人才成长观、选人用人观……"的指导思想[①]。方案还指出："要树立科学的成才观，坚决改变用分数给学生贴标签的做法，创新德智体美劳过程性评价办法；要完善德育评价，根据学生不同阶段身心特点，科学设计各级各类教育德育目标要求，通过信息化等手段，探索学生、家长、教师以及社区等参与评价的有效方式，客观记录学生品行日常表现和突出表现……"[②]这对思想政治教育要创新评价手段，科学设置评价标准提出了明确要求，评价方式的科学性成为新时代落实立德树人根本任务、实现科学的教育发展观的必然要求。

教育学研究显示：学生的学习方式与学习动机、学习策略紧密相关，学习动机决定总的学习方向，而学习策略则帮助学生实现学习的总体目标。学生的学习方式可以分为表层式学习、深层式学习。[③] 表层式学习是基于外部动机与量化的学习观的被动学习方式，学生将学习视作一种任务，在学习过程中无法实现内驱力、成就感的达成。深层式学习则是基于学习者内部动机，以满足个人兴趣与好奇心为目的，在发挥学习者主体性基础上与成就感、满足感的学习观相连的主动性学习方式。思想政治教育立德树人根本目标与鼓励学生充分发挥个人主体性的深层式学习理念相契合，而表层式学习单纯追求分数和结果，显然无法达成思政课入脑入心的实际要求。追求思想政治教育实效必然要鼓励学生采用深层式的学习方式，目前思想政治教育采用的结果性评价无法满足这一要求，而过程性评价重视学习过程和关注学习过程中的非预期成果等特征与思想政治教育的渗透性、长期性、发展性的实际需要不谋而合。

---

①②参见《深化新时代教育评价改革总体方案》，中发〔2020〕19号文。
③吴维宁. 过程性评价的理念与方法[J]. 课程. 教材. 教法，2006(06)：18－22.

大数据方法对全部数据的采集和以事物间相关性探求事物趋势及规律的特征与过程性评价对学习过程和非预期成果的重视理念相匹配。大数据技术摒弃了传统评价方式中对分数这一结果的过分重视，利用技术优势将学前、学中、学后全过程的各类数据纳入采集范围，注重呈现个体的学习特征和发展变化，并能在相关性的探寻之中捕捉到思想品德形成过程中的复杂性问题。如观看红色影视剧等，虽无法显著提升学生思想政治教育科目的考试成绩，但却对学习党的历史、坚定理想信念起到巨大的鼓舞作用。原有的思想政治教育德育评价方式将思想品德的形成和发展程度过于简单化和机械化，大数据方法很好地规避了这一问题，是思想政治教育实践智慧化得以实现的重要保障。

第四章 思想政治教育大数据方法的实践应用

方法是思想政治教育主体作用于客体的重要载体,是教育者为了解决教育目的与受教育者实际思想品德水平间矛盾的实践活动,带有鲜明的实践性。思想政治教育大数据方法既在教育活动的现实实践中起到指导作用,又在实践经验中不断概括总结,促进方法科学性的提升。研究思想政治教育大数据方法既要透视其理论本质,也要将其置于实践的视野下,通过指出大数据方法作用于思想政治教育的具体路径,为增进方法的科学性提供有力支撑。

大数据是一种认识方式,是一种思维模式,大数据方法在现代化教育治理、教育多样化与个性化、智慧学习等方面与思想政治教育深度融合,形成了大数据革新思想政治教育的崭新局面。"思想政治教育"在不同语境下的具体实践内容有所不同,2020年《教育部等八部门关于加快构建高校思想政治工作体系的意见》[①]中指出:思想政治工作可以分为理论武装、学科教学等七个体系,其中与思想政治教育相关的是理论武装、学科教学、日常教育、管理服务、评估督导五个部分,思想政治教育大数据方法与上述内容均可有机结合,通过不同的作用机制生效。本章内容主要以应用视角剖析思想政治教育大数据方法的步骤过程与基本模式,从具体实践出发,建构思想政治教育大数据方法的过程模型,总结大数据方法给思想政治教育带来的治理现代化、教育个性化、实践智慧化等变革的重要影响。

研究还对思想政治教育辅导员、管理者、第三方大数据应用开发者进行了调研,以期了解大数据方法在思想政治教育实践工作中的实际应用情况。调研发现:一线思想政治教育实践中大数据方法的开发应用仍不普及,思想政治教育大数据方法一定程度上仍停留在理论研究,尚未在实践中得到广泛的深度应用。究其原因,一是思想政治教育的协同育人机制还不完善,二是思想政治教育工作者教育理念有待更新,三是教育环境与数据化要求仍有差距,四是数据的信息保护等相关规范尚且空白,五是数据偏向等伦理缺陷仍缺乏有效的治理机制。

一、思想政治教育大数据方法的过程建构

新时代,党中央、国务院《高校思想政治工作质量提升工程实施纲要》要求高校思想政治工作要坚持全员、全过程、全方位育人,构建包含实践育人、文化育人、管理育人、服务育人在内的十大育人体系,要把思想政治教育融入高校教育教学全过程。从这个角度来

---

① 参见《教育部等八部门关于加快构建高校思想政治工作体系的意见》,教思政〔2020〕1号文。

说，高等学校校园内的所有工作实践都可以归纳为思想政治教育范畴。然而在研究中，若以此视角出发研讨思想政治教育，则其视角过于宏大，讨论起来难免挂一漏万。因此，本节缩小视角，仅将《普通高等学校辅导员队伍建设规定》中辅导员的工作职责界定为思想政治教育范畴，讨论思想政治教育大数据方法应用的详细过程。

(一) 思想政治教育大数据的数据来源

数据搜集是开发和利用思想政治教育大数据的前提和基础，应用大数据方法开展思想政治教育首先应明确思想政治教育大数据的数据范围与数据来源。大数据研究一般将数据分为4个层次，分别是基础数据层、状态数据层、资源数据层及行为数据层。

基础数据以管理类、结构化、结果性的数据为主，是以数据展示相关教育事物客观状态的数据类型，具有固定性、客观性、易测量、显性化等特征。以2012年教育部颁布的7个教育管理信息系列标准为参照，其中的《高等学校管理信息标准》对高等学校管理信息的基本体系结构、数据元素及数据元素结构进行了规范，明确高等学校管理信息包含学校概况数据、学生管理数据、教学管理数据、教职工管理数据、科研管理数据、财务管理数据、资产与设备管理数据、办公管理数据、外事（港澳台）管理数据、档案管理数据等11个数据子集，其中学生管理数据又包含了学生基本数据、本专科新生数据、研究生招生数据、研究生招生辅助数据、研究生非学历教育辅助数据、体检防疫数据、学籍数据、学位学历数据、实践活动数据、经济资助数据、社团协会辅助类数据、毕业生相关数据、就业辅助数据共13类别的数据。[①]

状态数据以教育过程中各类教育装备、教育环境及教育业务生成的状态信息为主，具有即时性、生成性、发展性的特征。设备的运行状态、运行时间、教学进程等均属于状态数据。[②]思想政治教育过程中的思政学习空间使用状态、思政教育的进展记录等都属于状态数据。

资源数据指的是教育过程中生成的各种形态的成果资源，包含由教师生成的教案、课件、微课、视频等教学资源以及由学生生成的试卷、成果集等。思想政治教育活动中的思想政治教育微课、党课课件、教学图片、学生的社会实践调研报告等均属于资源数据。

行为数据指的是教育过程中伴随参与者的行为而生成的数据，具有即时生成性、动态性的特征。思想政治教育过程中学生的个性化学习记录、教师生成性的教学评价、在移动终端浏览信息的种类及时长、教学场景中的眼动等肢体变化、学生情感的态度及变化等情况均属于行为数据。

借鉴教育大数据的冰山模型[③]（图4-1），思想政治教育数据可以分为结构化的固定性数据及非结构化的生成性数据两类。其中基础数据和状态数据可以归纳为结构化的固定性数据，是显露在冰面之上的数据。这类数据结构化程度高，易于测量和搜集，每年国家

[①] 教育部. 关于发布教育管理信息教育基础代码等七个教育信息化行业标准的通知[EB/OL]. http://www.moe.gov.cn/srcsite/A16/s3342/201203/t20120315_133140.html.

[②][③] 杨现民，田雪松. 中国基础教育大数据[M]. 北京：中国工信出版社. 2016：64-65.

均会统一对这类数据进行采集,目前已经形成了一个较为完善的数据库,对我国教育发展整体状况的评估及推动教育发展起到了积极作用。与冰面之上的数据相对应的,是以资源数据和行为数据为主的潜藏于冰面之下的数据,这类数据伴随着教育参与者的行为即时生成,具有非结构化、难于测量等特征。

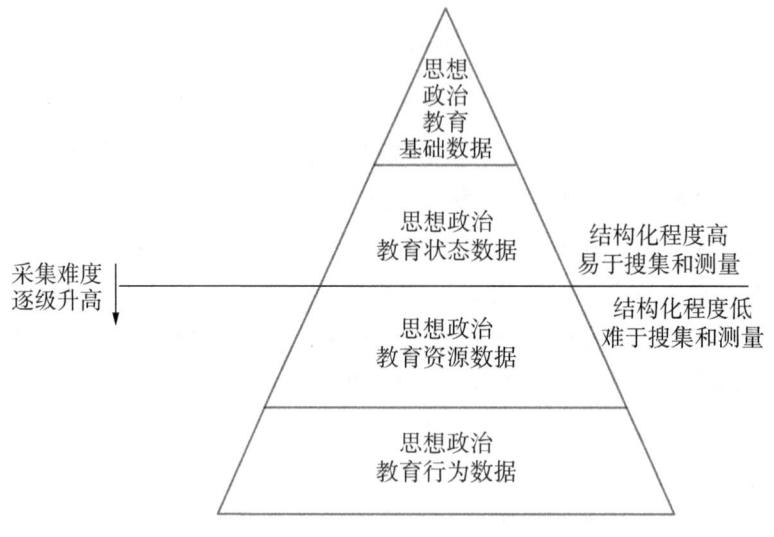

图4-1 思想政治教育数据冰山示意图

《普通高等学校辅导员队伍建设规定》指出,辅导员思想政治教育工作包含思想理论教育和价值引领、党团和班级建设、学风建设、学生日常事务管理等九个方向的工作职责。从思想引领到日常管理再到学风教育及生涯指导,学生在校期间的各项事务均是思想政治教育的载体,与思想政治教育密切相关。参照上文所述的数据类别,思想政治教育数据更多依赖于隐藏在冰山之下的资源数据及行为数据。目前我国大数据资源的搜集以基础数据和状态数据为主,这两类数据对宏观层面的教育政策制定、教育发展促进起到重要作用。但值得重视的是,目前仍然有大量的资源数据和行为数据处于保存无序、尚待系统开发的状态,对潜藏在冰山之下的资源数据和行为数据的开发利用将是推动教育数据由宏观的全局统计向微观的个体促进作用转变的关键步骤,对推进大数据时代思想政治教育的智慧化发展具有重要意义。

(二)思想政治教育大数据的采集路径

通过恰当的路径完整、全面地采集思想政治教育数据是应用大数据方法的必要步骤,合适的采集能使大量的原始数据从初始状态进入数据处理过程,这是大数据方法应用成功与否的关键步骤。

四种数据类型的特征决定了数据采集方法及采集难度各异。四类数据中,采集难度最低的是基础数据,由于其格式规范、结构化程度高,通过简单的数据录入即可完成采集,每年年底开展的国家教育数据统计就是典型的基础数据人工采集形式。

与基础数据通过人工一次性录入即可完成相比,状态数据由于其生成的持续性特征,需要连续采集，一般通过人工记录和传感器动态生成相结合的方式进行采集。如目前教师一般通过人工记录课程进度，教育场地管理者一般通过设备运营数据记录设备运营情况。也有部分教育场景运用物联网技术，通过传感器设备，实时采集需要监控、连接、互动的各类数据并上传至互联网，形成一个教育参与者、教育环境、教育设备与互联网联动的采集网络，以便于数据的智能记录和分析。目前流行的各类可以监测心率、步频的智能手环就是物联网采集技术的典型代表，已有部分教育场景试用了电子校牌，通过电子传感器记录、采集学生位置、健康、状态等信息并实现校园的智慧化管理。

对于实时更新、随思想教育活动参与者行为的发生而持续生成的行为数据，其采集路径较状态数据更为复杂。一方面，人的思想政治素养处于持续变化的状态，任意两个时间点的思想政治素养不会完全相同，这就意味着其生成的行为数据具有动态性特征；另一方面，在不同场景下需要体现的思想政治素养不同，难以用固定的结构化形式对思想政治教育行为数据进行搜集。因此，在搜集行为数据时，现行的主流方法是针对不同教育场景，以差异化的手段进行数据搜集，如通过智慧教师系统采集课堂教学资源；通过计算机评卷系统采集学生考试数据；通过点阵数码笔搜集学生学习过程中的书写内容、书写时间、书写力度等信息；通过摄像监控设备采集教育参与者的五官位置、肌肉运动、眼球运动信息，以分析学生的情感数据；通过在线学习平台采集学生的学习时间、学习频次、学习反馈、测验成绩等；利用数据爬虫技术采集教育参与者的网络发言、浏览时间、浏览内容等舆情数据；利用可穿戴设备采集教育参与者的生理与学习行为数据。

（三）思想政治教育大数据的采集要点

数据采集是运用大数据方法开展思想政治教育的先导性工作，全面、完整、规范的数据采集是开展工作的必要前提。由于数据类别和形式的多样性，思想政治教育大数据采集过程中有若干注意事项。

一是要从整体的思想政治教育目标着手，制定全局性的数据采集规划，使数据采集的目的性、针对性更强。思想政治教育目标从宏观到微观可以分解为不同层次，从宏观层面看，思想政治教育有传导主流意识形态、传播主流政治意识、沟通社会信息、促进精神动力、调适心理及人际关系、传播社会文化等目的；从微观层面看，思想政治教育有增进个体政治认同、鼓励个体参与党团活动、提升个体学习动力、增进个体爱国情怀等作用……不同的思想政治教育场景需要不同的数据支持，这就需要教育者用整体的视角，对思想政治教育的整体目标及分层目标间的有机联系进行顶层设计，明确不同层级的教育目标所需数据的差异。如学校、学院思想政治教育宏观政策和方法需要侧重采集管理类的基础数据，微观场景下的思想政治教育则需要重点采集行为数据等个体数据，以便提升教育的针对性。

二是要注重采集的连续性、结构性、规范性。思想品德是人们在一定的思想指导下，在行为中表现出来的较为稳定的心理特点、思想倾向和行为习惯的总和[①]，是一个长期形成的过程。个别事件节点采集的数据对思想政治教育的参考价值有限，在数据采集过程中应该遵循思想品德形成的系统性、长期性特征，保证采集的连续性，对某一个采集点进行连续采集，以发挥大数据方法"大"的优势，提升数据的应用价值。此外，个体思想政治教育着重采集的是行为数据。与结构化程度较高的基础数据和状态数据相比，行为数据种类多样、结构不一，如评估学生思想政治课情感态度主要通过摄像头捕捉面部表情的图像数据进行情感分析，评估学生网络空间行为则主要通过爬虫技术搜集文本数据。要统一文本数据和图像数据等不同介质承载数据的结构以实现统一分析，需要前置思想政治教育数据采集规范及标准，依据现有的国家标准或技术标准制定采集规范，以保证数据的结构性及规范性。

三是要遵循数据伦理，明确数据采集边界。思想政治教育目标的实现不能以侵害学生的隐私为代价。现行的国际和国内数据规范标准均对数据采集目的的合理性及采集边界作出了明确规定。全球现行的权威数据保护规范《欧洲通用数据保护条例》指出，数据采集要遵循"合法性、合理性和透明性"原则、"有明确且正当目的"原则、"数据最小化"原则，即数据的采集必须基于合理的思想政治教育目的，且必须获得学生或家长的知情同意并在合理合法的范围内进行，此外必须仅采集达成目的所需的最小量数据，不得扩大数据采集范围。因此，在数据采集前应基于教育目标明确数据的采集边界，以遵循现行的数据保护规范。

分析思想政治教育大数据，既要运用一般的数据统计方法，也要采用大数据技术特有的分析技术。结合大数据方法的常用场景和思想政治教育特殊性，可以将思想政治教育大数据方法归纳为思想政治教育决策支持、舆情监测、适应性教育、特殊预警、学生画像及数字化思想政治评价等主要模式。

社会科学现行的数据分析方法有内容分析、话语分析、社会网络分析、数学建模、聚类分析等，可以用现有的专业软件如 UCINET、SPSS、ORACLE 等完成，此处不再赘述。新兴的大数据挖掘方法有深度神经网络分析、异步大数据分析、网络图模型分析方法等[②]，这些方法借鉴了统计学、计算机科学、大数据科学的实操方法，较传统思想政治教育思辨方法增添了科学性，但也对思想政治教育工作者提出了跨学科的数据处理技术挑战，是数据时代思想政治教育工作者面临的一门崭新课题。

二、思想政治教育大数据方法的宏观运行机制

思想政治教育大数据方法应用，需要数据库、数据平台等宏观层面的数据基础设施建设与微观层面的应用模型建构。党和政府自 21 世纪初期即谋划教育信息化平台的建设。

[①] 陈万柏，张耀灿. 思想政治教育学原理[M]. 北京：高等教育出版社：124－125.
[②] 杨现民，田雪松. 中国基础教育大数据[M]. 北京：中国工信出版社. 2016：103－105.

《教育信息化十年发展规划(2011—2020年)》的第十四章《国家教育管理信息系统建设行动》全面阐述了我国推进国家教育数据库和信息系统、地方教育数据库与信息系统建设的规划与部署。目前我国已经建立了"国家教育事业统计信息系统""全国学生资助信息管理系统""国家学生体质健康标准数据管理与分析系统""全国教育信息化工作管理信息系统"等国家级系统,但仍然未建立思想政治教育数据库。思想政治教育数据库需要建立国家—省—校的分级机制,界定数据系统的数据采集范围,明确数据库的平台服务功能。结合目前已有的教育信息系统的运营模式,可以为思想政治教育数据库的建立提供有益参考。

得益于我国教育信息化建设,目前我国已经完成了包含学生数据库、教师数据库、学校数据库在内的教育基础数据库建设;建成了包括全国学生管理信息系统、全国教师管理系统、全国学校管理系统、全国教育规划与决策系统、教育专项业务管理系统在内的教育信息系统;完成了1个国家教育数据中心和32个省级教育数据中心及其应用平台建设,形成了"两级建设,五级应用"的信息系统(图4-2)。目前,我国教育基础数据库基本建成,全国学生管理系统联网试用中,相关系统在教育经费部署、贫困学生资助等领域实现了初步应用。除了信息系统外,信息化标准规范体系、信息安全保障体系和系统应用维护体系均已开启建设,以保障相关系统的顺畅使用。①

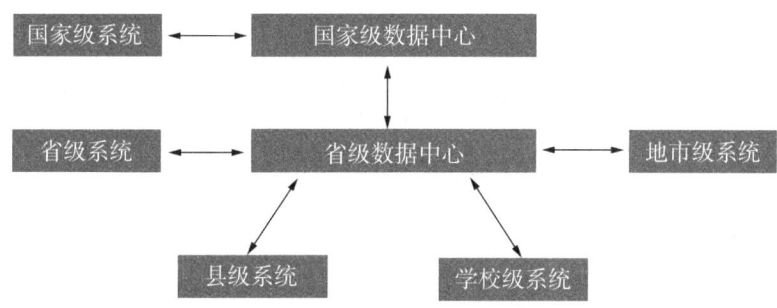

图4-2 "两级建设、五级应用"体系示意图

根据目前已经上线运行的全国学生资助信息管理系统、国家学生体质健康标准数据管理与分析系统等业务系统的建构来看,思想政治教育数据系统应隶属于教育专项业务系统。要想实现思想政治教育大数据方法的现实应用,除了要依托现有的国家级数据中心与省级数据中心中的基础教育信息系统共享大量数据,还要合理设计思想政治教育信息管理系统与应用平台,解决好数据从存储到应用的适用性问题。

(一)思想政治教育宏观数据机制的建立

目前,我国教育信息数据系统建设已经取得了一定成就,但仍然存在不少问题:一是缺乏整体的建设规划,信息系统建设较为分散;二是保障机制仍不健全,地方和学校的信息系统建设、应用、运行维护等支撑保障体系仍不完善。②思想政治教育数据库建设及相

---

①②中华人民共和国教育部.国家教育管理信息系统建设总体方案[J].中国教育信息化,2013(16):17-27.

关采集、应用、保障机制尚未建立，思想政治教育大数据方法的深度应用需要从数据基建起步，完善数据机制。

思想政治教育大数据方法的深度应用以思想政治教育数据库的建立为前提。作为专项业务系统的一部分，考虑到标准化与互通性，思想政治教育数据库宜与其他子业务系统采取同样的架构模式，即采用国家—省级两级建设模式，下设学校级应用系统。考虑到基层思想政治教育工作的实际需要，还应预留个性化的业务应用接口，供各学校自主开发。在充分利用国家级数据中心存储的教育统计基础信息的基础上，考虑到思想政治教育的发展性、变化性，应开放师生与学校间的数据流动通道，采集即时性数据，以适应大数据方法的全数据需求。

根据已经上线的体质健康标准数据管理与分析系统、校园足球管理信息系统等子系统的架构形式，结合思想政治教育大数据方法的应用需求，本书提出思想政治教育大数据系统的"2+1+X"建构模式，为日后可能上线的思想政治教育大数据采集系统提供有益借鉴。"2"指的是2个数据集中存储中心，即国家级数据中心与省级数据中心，"1"指的是每所学校作为一个相对独立的数据采集、整理、分析、应用平台，"X"指的是每所学校根据需要自行开发相应的学生评价、效果评价、教师评价、趋势分析、危机预警等个性化应用（图4-3）。

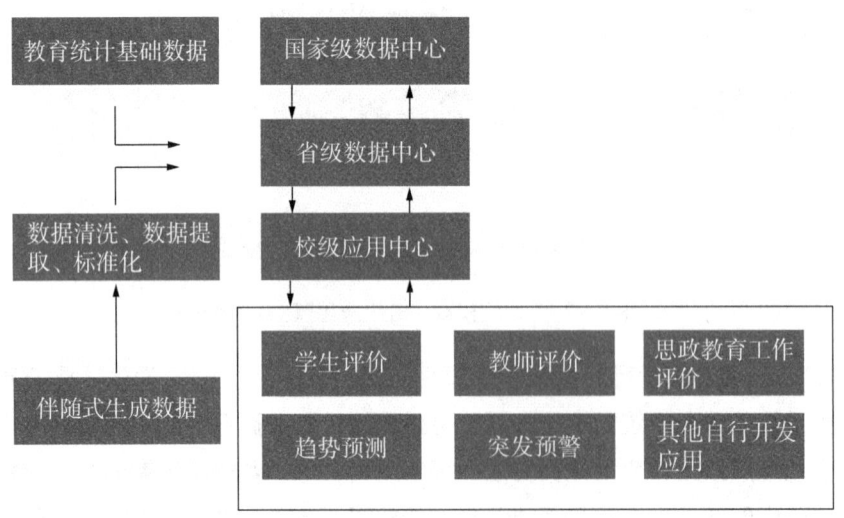

图4-3　思想政治教育大数据系统架构图

思想政治教育大数据系统的建构，需要国家（教育部）的统一谋划和前期设计，既要考虑系统内一致的数据采集标准、交换规范与共享机制，又要考虑与国家教育管理信息系统的互联互通，还要考虑合适的存储技术以保障大量思想政治教育数据的存储安全。目前，教育部下设了教育管理信息中心牵头推进各类教育信息化基础平台建设工作。思想政治教育数据库的建立也需要统筹各方、上下联动、统一标准才能得以实现。

(二)思想政治教育大数据系统的"2+1+X"框架

与全国学生资助信息管理系统、国家学生体质健康标准数据管理与分析系统等专门业务系统不同的是,思想政治教育涉及的范围广,相关指标多。如何平衡数据系统承载量的有限性与系统使用有效性间的关系,合理确定思想政治教育大数据系统的采集框架,即思想政治教育大数据系统到底采集哪些数据是关键所在。应该根据思想政治教育大数据系统不同用户的目标差异,合理设计不同层级用户采集的差异化内容,在适应系统数据承载容量的前提下,满足不同类型用户的差异化需要。

思想政治教育大数据方法是基于思想政治教育认识、实施、评估等过程中产生的大量数据,通过对数据表征的分析和利用,实现对思想政治教育规律的把握,促进思想政治教育科学化、精准化、高效化的手段或者路径。不同的用户群体使用大数据方法有其差异化的目标。总的来讲,可以将思想政治教育大数据方法的使用主体分为三类:一是教育管理部门,其主要目标是掌握思想政治教育基本数据、了解基层情况,为制定思想政治教育政策提供科学性依据,促进治理能力科学化;二是学校等教育机构,其以掌握本校思想政治教育相关基础情况、营造便利师生的思想政治教育应用环境、提升思想政治教育成效为主要目标;三是教师与学生等个人用户,其目标是提高思想政治教育工作效率、提升思想政治教育成效。

在确立思想政治教育大数据系统的采集框架时,要遵循合目的性原则,即根据使用主体的不同确立"2+1+X"系统不同层级的不同采集需求。"2"为国家级数据中心和省级数据中心,"1"为校级平台,"X"为学校根据思想政治教育需求自行开发的与系统联动的思想政治教育应用。国家级数据中心主要通过教育信息统计采集思想政治教育的基础信息;省级数据中心主要采集全省的思想政治教育基础信息,部分经过处理后能反映全省思想政治成效、趋势的结果性数据,以及部分思想政治教育资源数据;校级平台除了作为一个数据枢纽采集全校师生思想政治教育相关的行为数据与资源数据,还可根据需求增设应用,满足思想政治教育不同需要。确立了思想政治教育大数据系统的纵向框架后,明确数据的采集框架成为思想政治教育大数据系统由设想迈向实践的关键步骤。目前,我国尚无在全国范围内建设思想政治教育数据库的先例。自2014年起,由武汉大学沈壮海教授承担的教育部哲学社会科学发展报告项目《中国大学生思想政治教育发展报告》每年围绕大学生思想政治教育发展状况开展问卷调查,这是一份能反映大学生思想政治教育发展情况的较为权威的数据报告。可以在该发展报告的调研问卷及指标的基础上,结合思想政治教育数据系统的层次结构和大数据方法的数据等特点,对照美国州际纵向数据系统等已有的教育数据库,初步提出适应"2+1+X"系统的思想政治教育数据的采集内容方案。

表 4-1　主要思想政治教育数据库架构框架表

《中国大学生思想政治教育发展报告》			美国州级纵向数据系统	"2+1+X"思想政治教育数据系统	
观念与行为	人生观与价值追求	对人生价值的看法	学生基本信息；性别与种族；测验结果；课程学习情况；出勤率；毕业率；就业情况	X应用层	就业数据；社区评价数据；教师评价数据；朋辈评价数据；图书馆大数据；美育数据；体育数据；网络浏览时长；网络空间言行；思想政治课堂实时数据；思想政治教育课程资源数据；思想政治课考试数据；思想政治课程评价数据；党团组织活动参与数据；校园文化活动参与数据；社会实践活动参与数据；各类评奖评优数据；发展性数据
	社会主义核心价值观践行	社会主义核心价值观的践行意愿			
	文化观与文化素养	中外名著的阅读情况；文化教学实践开展情况			
	网络行为与网络规范	上网时长；上网目的；网络行为			
	思想政治理论课评价	思想政治理论课的整体评价			
教育与成效	日常思想政治教育	党团组织活动；校园文化活动；网络思想政治教育；心理健康教育；社会实践；学生资助；就业指导		省级数据库	全省思想政治教育基础数据；全省思想政治教育资源数据；全省思想政治教育成效数据
	综合素养及日常表现	对大学生各类精神文明的综合评价		全国数据库	全国思想政治教育基础数据；全国思想政治教育资源数据；全国思想政治教育成效数据

三、思想政治教育大数据方法的微观应用模型

思想品德的形成是一个复杂性系统，思想政治教育也是一个长期的系统性过程，具有发展性。因此，不存在一成不变的思想政治教育大数据分析模型。分析思想政治教育大数据，可以利用现有的统计学方法和大数据分析方法，结合思想政治教育的不同场景，建构不同类型的思想政治教育大数据分析模型。

数据模型是抽象表征现实的一种方法，是以数据形式抽象描述数据库的管辖范围以及

数据的静态、动态特征的组织形式,为数据库系统表示和操作信息提供了抽象框架。① 数据模型由现实世界抽象至数据世界,形成便于计算机处理的数据表现形式,它可以分为应用模型和概念模型,此处仅讨论应用模型。目前已有研究将教育大数据的应用模型总结为教育决策支持模型、教育舆情监测模型、适应性学习模型、学习预警模型、深度学习分析模型、学业评价模型、学生画像模型②;还有研究将思想政治教育大数据方法的模型总结为多类型的需求洞察模型、个性化的量化分析模型、情景化的量化模拟模型、多样态的量化预测模型。③ 也有研究根据思想政治教育的具体场景,单独探讨大数据思想政治教育的学业预警模型、贫困认定模型等④。本书在前人研究的基础上,以大数据方法应用的目的为区分,建构了智慧管理等五种常见模型。

(一)思想政治教育大数据方法智慧管理模型

我国教育政策早已充分认识到信息化对教育变革的深刻意义,在大数据技术尚未在实践中普及的 2012 年,教育部即颁布《教育信息化十年发展规划(2011—2020 年)》,将教育信息化列入我国教育事业发展的重要议题。同年,全国教育信息化工作电话会议指出,以"三通两平台"模式为教育信息化发展导向,即宽带网络"校校通"、优质资源"班班通"、网络学习空间"人人通"以及建设教育资源公共服务平台和教育管理公共服务平台⑤。在此基础上,2018 年颁布的《教育信息化 2.0 行动计划》提出,持续推动"信息技术与教育深度融合,促进教育信息化从融合应用向创新应用的高阶演进,信息技术和智能技术融入教育全过程,从而改进教学、优化管理、提升绩效。"早期的教育信息化进程由于技术发展水平限制,尚没有与大数据、人工智能技术充分结合,但教育信息化进程中信息化设备的装配、网络的联通、信息平台的搭建为后期的互联网+教育、大数据教育、人工智能教育发展奠定了坚实的设备、数据、平台基础。在数字校园建设基础上实现的大数据智慧管理模型,是思想政治教育大数据方法最普及、最常见的应用模型之一(图 4-4)。

数字校园指的是对高等学校教学、科研、管理、服务和校园环境进行数字化建设,支撑各业务开展智能化应用的整体工程。其总体目标是围绕立德树人根本任务,结合业务需求,充分利用信息技术特别是智能技术,实现高等学校在信息化条件下育人方式的创新性探索、网络安全的体系化建设、信息资源的智能化联通、校园环境的数字化改造、用户信息素养的适应性发展以及核心业务的数字化转型。⑥ 数字校园建设是将校园内各项事物进行数字互联,以提升管理、教育、服务效能的建设、联通、改造、发展、转型过程。具体到思想政治教育,大数据技术在信息化基础上进一步激活了数字校园已建成的数据、平台、空间资源,并促使思想政治教育由原有的数字化向智能化转向。

---

①施聪莺,徐朝军. 教育大数据:理论与实践. 南京:南京师范大学出版社,2019:58.
②杨现民,田雪松. 中国基础教育大数据[M]. 北京:中国工信出版社,2016:103-105.
③彭嘉琪. 大数据时代思想政治教育定量分析方法创新研究[D]. 武汉:华中师范大学,2020.
④崔强,孙智妍. 大数据在推动高校思想政治教育质量提升中的运用:以大连理工大学学业预警模型为例[J]. 高校辅导员学刊,2019,11(05):36-40.
⑤杨现民,田雪松. 中国基础教育大数据[M]. 北京:中国工信出版社. 2016:102.
⑥教育部. 高等学校数字校园建设规范(试行)[OL]. http://www.moe.gov.cn/jyb_xwfb/gzdt_gzdt/s5987/202103/t20210326_522685.html

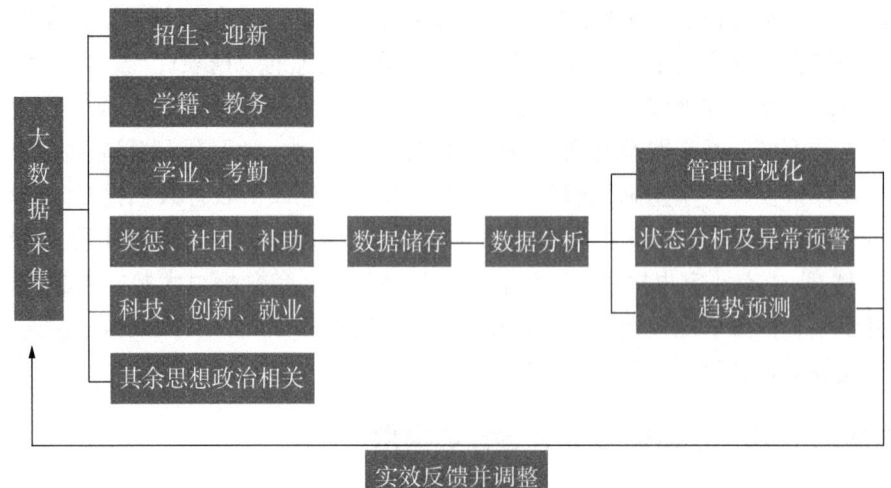

图4-4 思想政治教育大数据智慧管理模型图

管理服务是高校三全育人的重要载体,其中涉及学生管理的招生、迎新、注册、学籍、奖惩、助贷勤补、社团、国际化、学位、就业、毕业离校等服务,与思想政治教育息息相关。大数据智慧管理模型将信息化校园采集的数据按照一定的规则存储、分类、分析,通过海量的数据处理实现管理可视化、状态分析、趋势预测等功能。校园一卡通、数字化考勤、计算机心理筛查已经在我国高校中广泛普及,还有一些高校通过学生在食堂的消费情况辅助开展助贷勤补工作。学生的出勤、健康、消费、学习数据可以为思想政治教育认识和分析提供全面、客观、科学的参考,极大地提升管理服务效率,这是大数据方法促进思想政治教育过程科学化发展的重要路径。

例:大数据贫困认定平台

助学工作是党和国家关心贫困学生的重要举措,是实施资助育人的重要路径。贫困认定涉及学生隐私,贫困程度依据个人陈述和主观判断难以界定,对于贫困等级的科学认定一直是资助育人工作中的难题。广东省目前已经试行由大数据技术统一开展关联认定工作。认定工作首先将困难程度细分为43个量化指标,由具体情况决定赋分分值,如"原建档立卡脱贫家庭成员"的分值为90分,家庭在学人数为2人以上的分值为7分。学生根据认定分析表(表4-2)上传相关资料,然后由相关数据与民政部门进行数据互通、自动核查。核查无误的由系统赋分,依据各分项分值的总和得出学生贫困情况总分x,继而根据分值判断学生困难等级。当$x > 90$时为特殊困难,$70 < x < 90$时为比较困难,$60 < x < 70$时为一般困难。

$$x = \sum_{i=1}^{43} x_i$$

为避免个别极端情况未纳入认定分析表与数据偏差等情况,大数据困难认定平台计算结果需要学生再次核对增补材料,经人工核查后给出最终认定等级。大数据困难认定平台解决了认定标准难以界定、不同等级难以区分等现实问题,是大数据方法在思想政治教育智慧管理应用中的现实案例。

表4-2 广东省家庭经济困难学生认定分析表(节选)①

姓名　　　　　　年级　　　　　　班别　　　　　　院系(专业)

序号	家庭情况		证明材料(复印件)	参考分值	得分
1	原建档立卡脱贫家庭成员		扶贫帮扶手册、户口簿、相关证明	90	
2	特困供养人员		五保证、特困人员救助供养证、户口簿	90	
3	孤儿		儿童福利证、孤儿证明	90	
4	城乡最低生活保障户		低保证、户口簿	90	
5	特困职工子女		特困职工证、户口簿	90	
6	城镇低收入困难家庭		救助证、低收入证、户口簿	90	
7	享受国家定期抚恤补助的优抚对象(含烈士、牺牲军人亲属)、因公牺牲警察子女		优抚对象证明、因公牺牲警察证明、户口簿	90	
8	一年内家庭遭受重大自然灾害,受灾严重(一年内)		相关证明	90	
9	一年内家庭遭重大突发意外事件(不含自然灾害)(一年内)		相关证明	90	
10	学生本人残疾		残疾人证	90	
11	学生本人患重大疾病		病例、医院证明	90	
12	父母不能履行抚养义务的儿童		相关证明	60	
13	家庭遭受重大自然灾害,受灾严重(一年以上两年以内)		相关证明	60	
14	家庭遭重大突发意外事件(不含自然灾害)(一年以上两年以内)		相关证明	60	
15	父母一方抚养		相关证明	10	
16	家庭成员患重大疾病(不含残疾)	父母均患重大疾病(不含残疾)	病例、医院证明、户口簿	40	
17		父母一方患重大疾病(不含残疾)	病例、医院证明、户口簿	11	
18		其他家庭成员(不含学生本人)患重大疾病(不含残疾)	病例、医院证明、户口簿	16	
19	父亲为残疾人	一级	残疾人证、户口簿	40	
20		二级	残疾人证、户口簿	10	
21		三级	残疾人证、户口簿	3	
22		四级	残疾人证、户口簿	2	
23	母亲为残疾人	一级	残疾人证、户口簿	40	
24		二级	残疾人证、户口簿	10	
25		三级	残疾人证、户口簿	3	
26		四级	残疾人证、户口簿	2	
27	户籍所在地	革命老区、原中央苏区、少数民族自治地区	户口簿、身份证	2	
28	户籍性质	农村户籍	户口簿、身份证	1	
29	民族	少数民族	户口簿、身份证	1	
30	家庭在学人数	2人(含本人)以上在上学	户口簿、学生证	7	

① 参见《广东省家庭经济困难学生认定工作指导意见》,粤教助函〔2017〕49号文。

(二)思想政治教育大数据方法数据化决策模型

2012年,中宣部、教育部出台《全国大学生思想政治教育工作测评体系》,要求思想政治教育工作有全员、全过程、全方位育人的工作思路;大学生思想政治教育工作要纳入学校事业发展规划;网络思想政治教育要有总体规划。①《中国教育现代化2035》明确提出要推进教育治理体系和治理能力现代化,其中重要一条即是提高教育决策科学性,加强对重大教育问题的理论和实证研究。② 教育部《教育信息化2.0行动计划》提出要实施教育治理能力优化行动,全面提高利用大数据支撑保障教育管理、决策和公共服务的能力。

以往,教育决策过程过于依赖经验、缺乏数据支撑一直是教育界颇受诟病的不足之处。③ 新时代对教育决策科学化的需求日益迫切,基于数据的决策对提高思想政治教育决策科学性的必要性越发凸显。与学科教育相比,思想政治教育的信息收集、决策过程仍然缺乏必要的科学化论证过程,凭借上级文件指示要求,基于个别教育情境及教育对象主观判断而开展教育活动的情形并不少见。决策过程的主观性一定程度上造成了教育评价的困境,如何评价思想政治教育,明确思想政治教育实效成为思想政治教育学科科学化亟需突破的现实难题。大数据方法应用下,基于数据的决策模型以决策过程的科学化为解决上述问题作出了有益尝试。

宏观层面,基于数据的决策模型可以用于学校乃至地区思想政治教育决策辅助,通过利用大量数据实证来提升对客观事实的掌握,避免以往以主观个别现象进行决策而可能导致的偏颇。首先,大数据可以帮助决策者基于客观实证而非主观感觉了解思想政治教育现实情况;其次,数据模型可以充分体现思想政治教育的长期性、复杂性、发展性特点,从全局的视角考量影响思想政治教育的各个因素;最后,数据模型可以通过模拟运算揭示思想政治教育决策的预期效果,供决策者参考并调整政策。例如,学校管理者可以通过历届毕业生就业情况调整学校就业育人相关策略,有针对性地鼓励毕业生服务国家战略发展;可以依据思想政治教育质量评价、思想政治教育现状调研、任课教师调研、学生调研等数据科学制定下一年度的思想政治教育计划。

中观层面,基于数据的决策模型可以显著提升思想政治教育管理效率。2012年,教育部出台《教育信息化十年发展规划》,指出要大力推进普通高校数字校园建设,建设完善的信息发布、网络教学、知识共享、管理服务和校园文化生活服务等数字化平台,推进系统整合与数据共享。④ 校园信息化建设已经实现了大量学习、管理、服务、校园文化数据的采集,但还存在着数据归属问题和业务部门间的区隔问题,以数据促进思想政治教育实效

---

① 参见《全国大学生思想政治教育工作测评体系》,教思政〔2012〕2号文。
② 中共中央,国务院. 中国教育现代化2035 [OL]. https://www.gov.cn/zhengce/2019-02/23/content_5367987.htm.
③ 顾小清,薛耀锋,孙妍妍. 大数据时代的教育决策研究:数据的力量与模拟的优势[J]. 中国电化教育,2016(01):56-62.
④ 参见《教育信息化十年发展规划(2011—2020年)解读》(人民教育出版社,2012年)。

提升的作用未能有效发挥。大数据的整体视角可以有效打通信息化建设过程中的数据壁垒，统揽校园内不同归属、不同层次、不同结构的数据，使大数据与思想政治教育过程充分有机结合，提升思想政治教育管理效率。通过校园大数据开展学生日常学习、生活画像，了解其包括思想品德在内的综合表现；建立学业预警、心理预警、健康预警等特殊预警机制，及时解决各类校园突发事件；实现依托于大数据的资助、就业等业务个体化帮扶，促进智慧思想政治教育实践的完善（图4-5）。

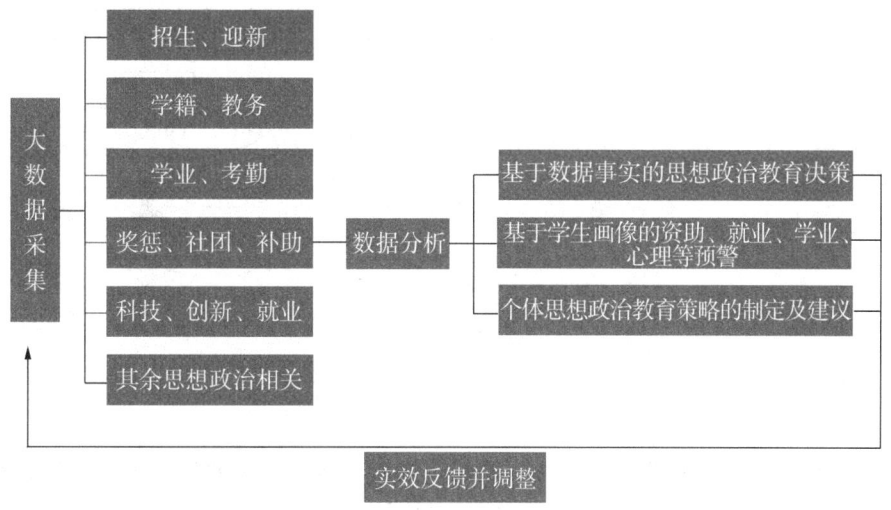

图4-5 大数据思想政治教育基于数据的决策模型示意图

微观层面，基于数据的决策模型可以应用在个体或局部思想政治教育场景。教育者可以依据数据计算模型评估日常思想政治教育决策的科学性，依据学生个体情况制定教育策略；辅导员可以依据学生日常行为数据判断学生的学习状态，并及时提供恰当的建议与帮助；思想政治理论课教师可以通过课堂的教学互动数据判断学生对知识点的掌握和理解程度，从而控制教学进度。基于数据的决策模型可以有效提高决策的科学性，使思想政治教育不断提升针对性与实效性。

那么，基于现有数据情况，大数据方法究竟如何在思想政治教育实践中开展并发挥作用？笔者以所在单位现有学生服务平台为例，通过采集分散在学生综合服务平台、身心健康系统与网络信息中心的数据，以大数据方法整合学生的基本信息、课程信息、食堂信息、门禁信息、获奖信息等，构建学生群体及个体画像，以精准的数据事实为依据，实现了思想政治教育科学决策、个性化思想政治教育及异常预警等功能，是大数据方法在思想政治教育实践中的作用实例（图4-6）。

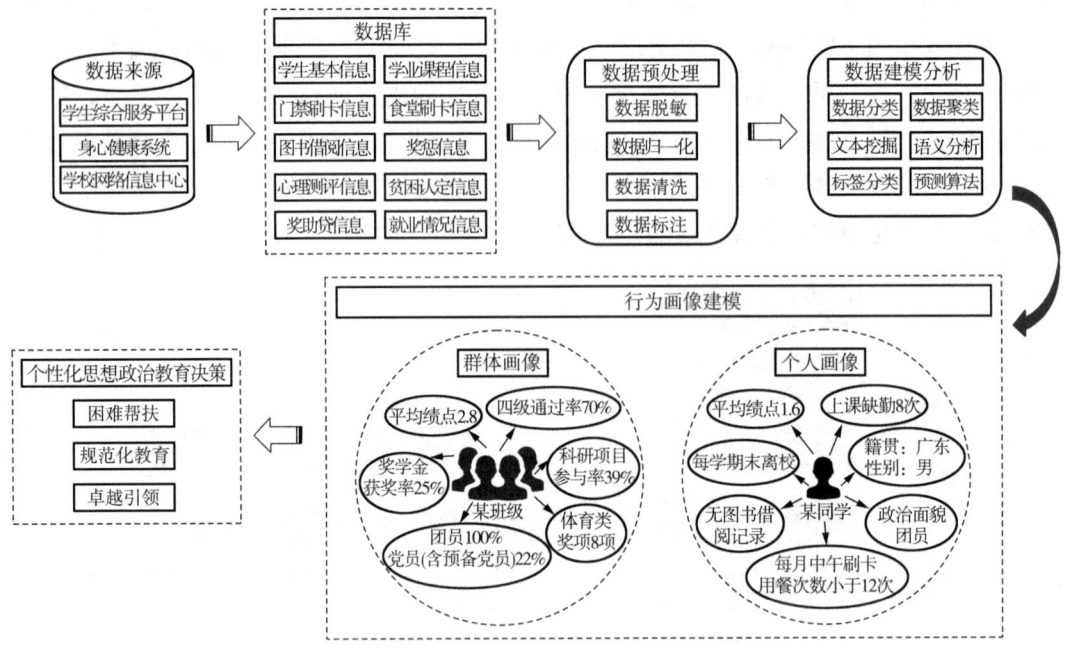

图 4-6 数据化决策模型程序流程图

例：小 A 是我校某专业一班学生，家长反馈其与亲人很少联系，不爱说话，喜欢玩手机，做事总打不起精神，希望老师对其进行思想教育。

在一般的思想政治教育方法中，老师多采用观察、调研等方法了解小 A 的情况，这些方法无法保障情况真实性、全面性。大数据方法可以通过调取小 A 在校的各类数据从而获得其精准的各类情况，为思想政治教育科学决策与个性化教育提供有效支撑。

以大数据方法解决这一问题，首先要全面准确地采集原始流水数据，目前 ODS 接入层数据来源于学生综合服务平台、身心健康系统、学校网络信息中心等。数据采集完毕后，通过领域建模，将原始的流水数据结构化分类并存储，包括但不限于学生基本信息（姓名、学号、年龄等）、学业课程信息（班级、学分等）、门禁刷卡信息（登入、登出时间等，如表 4-3 所示）。由于流水数据可能存在缺失或错误（如某同学的班级信息丢失），需要通过数据清洗、脱敏（如真实姓名、身份证号码）、格式转换等轻度聚合，得到数据结构统一、质量可靠、易于应用的业务明细数据 DW 层数据。接着要对 DW 层的数据进行面向主题的聚合统计，直接面向 OLAP 进行分析。经过上述过程，基本完成了数据仓库的建设，之后根据数据进行建模，过程如下：

首先是抽取人群特征。此过程采用 Multi - Hot Encoding 的方式，用特征"0"或"1"表示一个用户是不是属于某个群体，比如 0 表示不打游戏，1 表示打游戏。实际处理过程中，也需要对单个有序多值属性的处理，如年龄是一个单个的有序值，可以预先进行分段：根据某些规则或算法定义一些年龄段作为群体，例如根据物理意义定义 18 岁以下为少年群体，18～22 岁为青年群体等。划分好年龄段后，每个年龄段就可以用一个"0""1"变量来表征。

其次是处理单个无序稀疏特征。针对一类特殊特征如兴趣特征，可以通过物理或者长尾部分聚合。再次是深度模型融合。为了解决单个模型不够准确的问题，引入 GBDT 算法，通过后面的模型学习前面的模型带来的累积误差，最终越来越多的模型叠加起来使得误差越来越小，以此方式进行融合。比如，某个学生某天持续打游戏 5 小时，不能凭此得到该学生沉迷游戏的标签，而是需要采集一段时间如一个学期的数据，通过 GBDT 算法持续计算，得到最终标签。最后是社交网络分析。利用得到的信息构建社交网络图，针对网络图中的集中度、关联度进行统计分析，常用的社交网络分析算法包括 Centrality 中心性算法、Page Rank 算法等。对于着重关注的时间点如凌晨时间的指标分配更多的权重，给予相应的标签。针对学生的数据信息对标签信息进行聚类（常用的聚类算法包括 K – Means 聚类算法、DBSCAN 聚类算法），计算各项标签之间的相似程度，将相似程度较大的标签归为一类。

表 4 – 3　小 A 门禁数据表

学生 ID	进出住宿区时间	地点编号	地点名称
147603	2021/12/31　13:38:08	SS11N10	校区宿舍
147603	2021/12/25　0:34:17	SS11N10	校区宿舍
147603	2021/11/28　2:05:13	SS11N10	校区宿舍
147603	2021/9/21　2:27:57	SS11N10	校区宿舍
147603	2021/9/17　0:03:49	SS11N10	校区宿舍
147603	2021/9/1　17:24:14	003	校区生活南区
147603	2021/7/15　0:04:27	SS11N10	校区宿舍
147603	2021/12/31　8:14:08	SS11N10	校区宿舍

如数据化决策模型程序流程图所示，经过对各类数据的挖掘分析，我们可以得到小 A 所在班级的群体画像图和小 A 的个体画像图，并明显看出二者间的差别。根据小 A 的数据画像，辅导员找到小 A，与他谈心谈话。一开始，小 A 否认自己经常缺课、晚归，看到自己的数据报告后，他才向辅导员吐露实情。原来，他参加了一个女子偶像团体的后援会，经常需要在网络上为偶像刷票，有时，为了凸显偶像的高人气，还需要到现场参加应援活动，小 A 几次缺课和晚归都是因为去参加偶像见面会。另外，由于课程连贯性强，频繁缺课的小 A 发现自己在课堂上也听不懂，因此造成了恶性循环，缺课现象愈演愈烈。

根据大数据画像与谈心谈话了解的情况，辅导员从学业帮助、现实分析、理想激励等几个方面对小 A 进行了思想政治教育，使小 A 认识到当下自己最主要的任务是学习，把精神追求寄托在偶像身上不是青年人应有的价值取向。后续，辅导员通过大数据实时了解小 A 的生活情况，未发现有高频异常情况出现。

（三）思想政治教育舆情监测自动化模型

舆情信息是人们通过对现实客观环境的反应并结合个人主观思维而形成的具有一定广泛性的舆论表达，是思想信息的一种外显形式。互联网时代，舆情是反映思想信息、开展舆论引导、实施思想政治教育的重要途径。传统思想政治教育获取舆情等思想政治信息主要采用个体观察和抽样调查两种主要路径，通过社会调查、观察体验、思想预测等方式开展，所形成的舆情报告在普遍性、广泛性和科学性上有待提升。大数据思想政治教育舆情监测模型规避了传统认知方法抽样的误差及局部的失真。舆情监测模型通过采集人们对思想政治特定话题、特定阶段的观点、评价、态度、情绪等所有数据，实现快速发现、快速应对、及时引导并全面生成舆情报告，是思想政治教育阵地由现实空间转向互联网空间，做好网络思想政治教育的必然趋势。

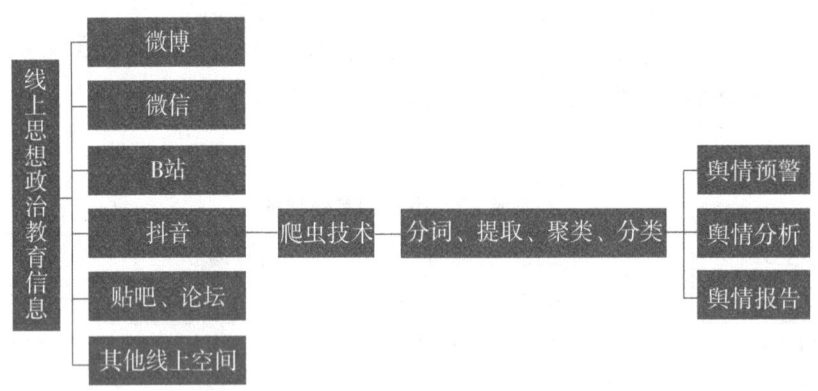

图4-7　思想政治教育舆情监测模型示意图

思想政治教育舆情监测模型主要运用爬虫技术，从微博、微信、B站等互联网平台的海量信息中及时获得与思想政治教育特定话题密切相关的信息，然后进行分词、提取、聚类、分类，形成可用的舆情信息以及舆情处理建议（图4-7）。该模型可以实现舆情预警、舆情分析、舆情报告等功能，有利于帮助教育者及时、高效地在海量信息中精准获取信息并形成科学的认知和判断，以便进一步开展工作。目前，市场上常见的舆情监测软件可以设定关键词，通过爬虫技术不间断地获取互联网舆情信息，并提供负面舆情预警、突发舆情报告、定期舆情分析等服务。一旦互联网产生相关舆情，客户端会第一时间作出提醒，并根据转发、阅读、浏览次数对舆情进行分级，以便相关工作人员及时发现、妥善处理。在未见突发舆情事件阶段，大数据舆情监测模型可以针对设定关键词一段时间内的信息流生成舆情报告，以便管理者把握舆情态势，防患于未然，杜绝突发性负面舆情事件的发生。

与智慧管理模型、数据化决策模型要以数据平台为中心，经前期设计、构建才能运行不同，舆情监测模型由于数据获取十分便捷，可以由个别思想政治教育者随时使用，其技术门槛低，数据采集量小，是大数据方法应用于思想政治教育实践的常见方法。以新冠疫情期间高校的媒介宣传为例，思想政治教育工作者可以通过抓取受众舆情反馈关键词并对其进行情感分析来了解思想政治教育成效及不同宣传方式的思想政治教育效果，为调整教育策略、提升教育实效提供有效参考。

例：大数据舆情监测在抗疫宣传中的应用

为了解新冠疫情发展阶段高校思想政治教育宣传效果与舆情反馈，可以利用大数据方法建构高校思想政治教育框架。首先用爬虫软件对特定时间段内选定高校发布的与疫情相关的文章及评论语料进行收集。再利用分词软件对文本进行分词，过滤掉明显无意义的词语，以python语言编写程序对已分词文本提取高频词，提取每所高校词频排名前60的词语。在高频词语料中再次对无意义的代词等进行过滤后，使用基于词典匹配的方法对高频词进行情感极性分析。针对评论语料，除按照上述方法获取高频词及高频词的情感极性外，还可以统计积极评论和消极评论的数量及比例，了解疫情中高校思想政治教育的成效与舆情反馈。利用大数据方法的数据采集与高频词计算，可以构建出三种典型的思想政治教育模式：通知型、共情型、共情—行动型，并依据各类型评论中积极情感占比得出不同模式的教育效果。

表4-4 通知型教育模式高频词表

主题词类别	主题词（词频）	情感极性
隐喻类	阻击战（2）	积极
集体类	学校（23）	中性
	单位（22）	中性
	学院（27）	中性
	师生（11）	中性
动员呼吁类	做好（21）	积极
动作类	防控（56）	中性

表4-5 共情型教育模式高频词表

主题词类别	主题词（词频）	情感极性
隐喻类	白衣天使、白袍战士（8）	积极
	天使（7）	积极
	病魔（3）	消极
	阻击战（17）	积极
集体类	我们（95）	积极
	大家（31）	积极
	医疗队（44）	中性
	医护人员（29）	中性
动员呼吁类	使命（18）	积极
	初心（10）	积极
动作类	请战（6）	积极
	战斗（10）	中性
	抗击（16）	积极
	逆行（10）	积极

表4-6 共情—行动型教育模式高频词表

主题词类别	主题词(词频)	情感极性
隐喻类	阻击战	积极
	战役(疫)	积极
集体类	清华大学(176)	中性
	我们(37)	积极
	党组织(24)	积极
	国家(18)	中性
	党员(16)	积极
动员呼吁类	责任(17)	积极
	担当(18)	积极
行动类	研发(28)	积极
	药物(28)	中性
	科研(23)	中性
	抗击(22)	积极
	服务(18)	积极
	安排(17)	中性
	教学(16)	中性
	支援(16)	积极

通过大数据方法对高频词及评论的情感极性判断可以看出，三种教育模式中，共情—行动型教育效果最佳，积极评论比例最高，通知型教育模式效果一般，评论中少见积极情感。这给后续的思想政治教育实践提供了有效指引：在宣传教育中应尽可能多地使用共情—行动框架，少用通知形式，这样才能有效激发教育对象的积极反馈，达成最佳教育效果。

(四)思想政治教育大数据方法适应性教育模型

适应性思想政治教育概念借鉴于教育学"适应性学习"概念，指的是根据学习者的个性化特征选择相适应的学习内容和学习方法，数字化教育的推行为适应性教育提供了技术保证。目前主流的适应性学习路径有2种：一是通过收集和分析学习者的学习行为数据来调整与之匹配的教学资源、教学方法与教学进度；二是通过聚合大量学习者的数据为课程和标准的制定提供参考与依据。适应性学习主要运用知识图谱、神经科学的记忆与遗忘规律、人机交互、体验式学习、学习行为监控及分析、知识粒度分解等技术实现对学习行为的拆分、监测、预测，并根据人机交互结果，结合知识图谱规律制定个性化的学习资源、学习路径与学习检测方案。有媒体报道，具有我国完整知识产权的智能自适应教育系统"乂学教育"与具有17年教龄的资深教学名师在规定时间内进行教学效果测评，智能自适应教育系统在提分、满意度等测试项上获胜。适应性学习的突出成效为改进思想政治教育模式化、单一化问题提供了有益借鉴。

与"适应性学习"理念相类似的"因材施教"思想由孔子提出,在我国是备受推崇的传统教育理念。思想政治教育也一直有理论联系实际、具体问题具体分析的工作传统,但传统的"联系实际"和"具体分析"大多是基于微观、个别的场景,无法有效指导需要同时面对多个思想政治教育对象、强调高效的"个体性"教育实践。大数据方法在思想政治教育中的应用较好地解决了这一难题。借鉴"适应性学习"概念,在大数据方法的支持下,思想政治教育有望由传统的教育者主导的一元教育模式向教育者与教育对象多元互动的适应性思想政治教育模式转变。

笔者认为:适应性思想政治教育模型是教育者在大数据等方法的辅助下,基于教育对象的思想品德及相关个性特征而选择相适应的教育内容及教育方法,具有个性化、高效化的特征。值得注意的是,一方面适应性思想政治教育模型与适应性学习的核心技术和原理基本一致,要经历知识粒度分解、个体学习行为监测、人机交互和实践、根据神经科学及知识图谱规律开展大数据运算与分析、按照既定节点及策略推荐教育资源、形成个体适应性学习模型的整体过程。另一方面,适应性思想政治教育有着区别于一般学习的特殊性:首先,思想政治教育具有显著的阶级性和目的性,不能完全照搬自适应学习对于教育对象的完全尊重,要将思想政治教育的阶级性和目的性与教育对象的实际情况有机结合,形成教育者主导、兼顾教育对象需求的适应性思想政治教育模式。其次,现有的适应性学习均为边界明晰的应用系统,只能自适应教育对象采集数据之中的个体特点,无法记录分析教育客体全部生活范围的言、行、意。而思想品德的表现具有广泛性,目前还没有哪个自适应系统能形成如此广泛而先进的自适应。最后,适应性学习的前提是极小的知识粒度分解,通过对教育客体的全面分解而准确掌握基本情况是适应性成效的重要影响因素,如何依据思想品德形成规律、外显行为规律将思想品德数据进行分解再聚类也是适应性思想政治教育需要面对的极大挑战。

有教育学学者指出,人类教育史曾经历三次飞跃,第一次是从个别的原始教育走向个性的农耕教育,第二次是从个性的农耕教育走向班级授课式的规模化教育,第三次是从规模化走向分散化、生态化、生命化、网络化的个性教育。①

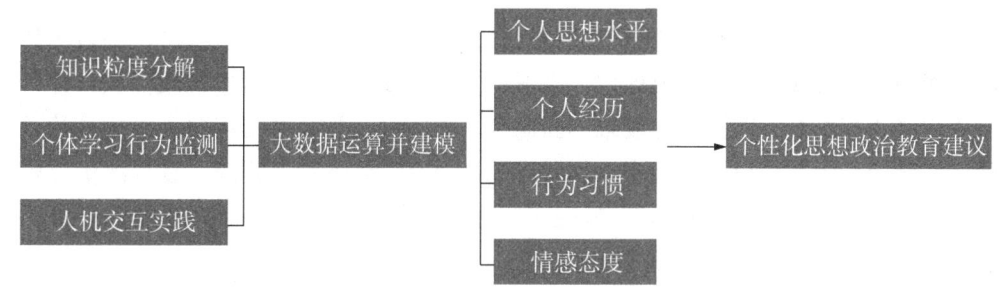

图4-8 适应性思想政治教育模型示意图

---

① 姜强,赵蔚,李松,等.个性化自适应学习研究:大数据时代数字化学习的新常态[J].中国电化教育,2016(02):25-32.

纵观教育史上的三次革命，当下我国思想政治教育正处在第二阶段——班级授课式的规模化教育，一所学校、一个班级内的所有学生使用相同的思想政治教育方案及思想政治教育方法。这样的现状较好地适应了社会思想的统一性要求，却忽略了学生个体思想品德情况、个人经历、行为习惯、知识水平、情感态度等方面的差异，一定程度上造成了思想政治教育流于形式，学生学习热情不高的现实情况。适应性思想政治教育模型可以实现基于教育对象个人思想水平、个人经历、行为习惯、情感态度等因素的教育资源智能推送，较好地考虑了教育对象的差异性；可以利用知识图谱、学习进度、阶段绩效、同伴数据等即时数据实现对教育对象的高效反馈，帮助其加深对自我思想品德情况、学习特征的了解，并能通过同伴数据共享形成正向的群体助力。

与大数据方法智慧管理模型、数据化决策模型和舆情监测自动化模型已经在思想政治教育中得到开展应用不同，适应性思想政治教育由于其理念及技术的前沿性，目前还未在实践中得到广泛开展。此外，适应性思想政治教育模型的顺利实施还有赖于大量教学资源的累积，只有当思想政治教育资源的质量和数量均能满足学生的需要时，基于学生的自适应推进才能实现。因此，适应性思想政治教育目前仅停留在理论设想，还未曾投入思想政治教育实践使用。但适应性思想政治教育仍然有着广泛的应用前景，并将给思想政治教育实效带来新的飞跃。

（五）思想政治教育大数据方法的科学评价模型

思想政治教育是一种过程性的教育实践，但其终点及目标绝不仅止于过程，理想的思想政治教育应激发新时代大学生全面发展、健康成长成才的精神动力，达成"坚持立德树人，培养德智体美劳全面发展的社会主义合格建设者和接班人"的培养目标，这就意味着思想政治教育工作必须开展教育评价，以了解工作的有效性。1985年中共中央《关于教育体制改革的决定》指出："衡量任何学校工作的根本目标不是经济收益的多少，而是培养人才的数量和质量"[1]，对人才培养要开展评价提出了明确要求；1993年中共中央、国务院《中国教育改革和发展纲要》提出"要建立各级、各类教育的质量标准和评估指标体系"；1994年中共中央《关于进一步加强和改进学校德育工作的若干意见》提出"要建立德育工作评估制度"；2012年《全国大学生思想政治教育工作测评体系》（试行）正式颁布。针对教育评价的相关文件的陆续发布说明党中央对思想政治教育工作评价日益重视，凸显了评价工作在思想政治教育实践中的重要地位。当下，党中央及教育部门对思想政治教育评价工作的重视程度不断提升，相关研究成果不断涌现，思想政治教育评价将成为思想政治教育的重要组成部分。大数据思维将为当下困扰评价工作的"整体要求笼统、重视评价过程疏于评价效果、评价未得到充分利用"[2]等现实问题提供借鉴思路，将极大地提升评价工作效率，促进思想政治教育评价工作成效的提升。

大数据方法的应用将促进思想政治教育对象评价由总结性评价向科学性评价转变。教育对象是教育目标的承载者，是教育活动的直接参与者和受益者，也是教育活动质量的最

---

[1] 顾明远.改革开放三十年中国教育纪实[M].北京：人民出版社，2008：122.
[2] 冯刚.高校思想政治教育工作质量评价研究[M].北京：人民出版社，2020：43-44.

终体现者。一方面，对教育对象进行评价是教育成效的重要参考；另一方面，评价结果也可以作为学生自我评价、教育策略调整、群体规范与导向的重要依据。目前，思想政治教育工作主要运用测验与考试、交流与观察、现实表现鉴定、综合测评报告等途径对思想政治教育对象开展思想政治评价，在产生一定效果的同时也出现了注重考试结果忽视实践表现、选取特定时间节点无法兼顾阶段性发展、测评范围有限无法全面考察思想品德水平等现实问题。针对上述问题，大数据方法探索了针对教育客体的若干全新评价方式：一是大数据方法可以记录在特定时间段内教育客体的所有表现，以形成性的评价取代原有的测验、现实表现意见等代表性不足的总结性意见，对学生思想品德形成过程和水平现状的总结更全面、更科学，更能真实反映学生思想品德的实践性与发展性。二是除了现有评价体系中的测量指标，大数据方法还可以获取教育客体在课外、虚拟、线上空间的表现情况，并根据相关算法，将其与校内表现、课堂表现、生活表现相结合，更加准确地生成横向多元立体、纵向系统发展的形成性评价意见。

高校思想政治教育过程的质量评价是新时代教育评价的重要导向。它是由评价工作组讨论制定或参照既有的高校思想政治教育评价指标体系实施的对思想政治教育队伍质量、思想政治教育对象接受情况、思想政治教育内容、教育方法、教育形式和手段等的评价。[①] 过程评估具有全面性，要对思想政治教育主体、客体、介体、环体等硬件和软件全面评估；过程评估具有发展性，要根据评估结果和思想政治教育实际情况不断更新调整评估指标；过程评估具有长期性，既要评估短期的思想政治教育实践活动，又要考虑人的长期综合发展结果。目前，对思想政治教育过程评价有两种主要路径，一是对生师比、场地数、活动数、出勤率、平均分等结构性、结果性数据进行合格性评价，二是对思想水平、社会主义理想信念等质化指标进行综合性意见评价。人的思想品德形成过程是一个复杂的非线性过程，以往的方法难以探明具体指标与品德形成间的因果关系。因此，目前仍然缺乏科学系统的指标体系对思想政治教育成效进行测量，大多采取了以量化指标代替质化指标的评价方式。大数据方法以相关关系预测事件发生概率的方法特征很好地规避了这一困境——通过将学生日常表现聚类分析后与德智体美劳等培养质量的核心指标的标志性成果进行相关性统计，根据相关性的结果数据开展思想政治教育过程评价，从而解决思想政治水平等质化指标难以直接测量的评价难题。

大数据方法为思想政治教育过程评价提供了技术保障，也促进了思想政治教育评价的效率提升。思想政治教育过程评价有多个对象，除了思想政治教育对象、思想政治教育过程外，思想政治教育者、思想政治教育领导与组织等也需要开展评价。然而在实际工作中，不同业务口径开展的各类评价活动往往存在数据格式不一、重复收集、利用率低、基层负担重等现实问题。大数据方法的运用可以实现多口径数据一次采集，多次利用、充分分析，并能通过可视化、用户画像等技术实现思想政治教育评价结果充分利用，极大地减轻基层教育者应对各类测评的数据填报负担，有效地提升思想政治教育评价工作的效率。

大数据评价方法在技术上主要运用支持向量机、决策树、关联规则、期望最大值、人工神经网络、贝叶斯学习等方法对评价数据进行数据挖掘和数据利用，在技术上不存在难

---

①冯刚．高校思想政治教育工作质量评价研究［M］．北京：人民出版社，2020：79．

点，其关键在于评价框架的确立。本书第五章就大数据思想政治教育评价框架的确立作了进一步阐释。

四、思想政治教育大数据方法的使用现状

新时代，党和国家对思想政治教育提出了新政策、新要求，与之对应，各类利用现代信息技术、结合大数据方法的思想政治教育实践开始涌现。思想政治教育大数据方法的应用是涉及地方行政部门、学校思想政治教育管理者、辅导员、思想政治理论课教师、第三方技术提供者等多部分、多人群参与的系统性进程，各环节司职不同、角色不同，在实践工作中合力推进大数据方法应用。实践中，既涌现了新做法，也遭遇了新问题。为了解思想政治教育实践中大数据方法的应用现状，本书对一线思想政治教育辅导员、思想政治理论课教师、高校思想政治教育管理者、学生信息服务系统开发者、第三方技术提供商及部分高校开展调研，希望勾勒出新时代一线思想政治教育工作实践与大数据方法融合应用的现实图景，找出制约其发展的现实因素，为呼应新时代思想政治教育方法创新、工作提质增效提供现实依据。

研究者在广东省内38所公办本科院校中选择了部分双一流高校（暨南大学、华南师范大学）、省属重点本科院校（华南农业大学、广东工业大学、星海音乐学院）、省属一般本科院校（韶关学院）、市属高校（广州大学），在省外也选择了部分本专科院校开展问卷调查。调研对象分为辅导员、学校思想政治教育管理者（学工部或学生处处长、团委书记、党委副书记等）、第三方技术提供者三类。根据问卷结果，在其中选择5位辅导员、2位学校思想政治管理者及若干智慧校园提供商进行访谈和调研。被访谈者工作时长都在1年以上，部分受访对象从事思想政治教育工作已达20年以上。访谈以半结构化为主，研究者会根据访谈中提及的个案或现象进一步提问及澄清，以了解受访者在工作中的实际情况及心路历程。（受访对象情况表与访谈提纲见附录二）

（一）辅导员：信息化的"受益者"、大数据的"拥护者"、实践中的"无力者"

辅导员是开展大学生思想政治教育的骨干力量，是高等学校学生日常思想政治教育和管理工作的组织者、实施者、指导者，是思想政治教育任务的最主要执行者，是思想政治教育大数据方法应用的"最后一公里"，辅导员群体应用思想政治教育大数据方法的情况与现状是思想政治教育大数据方法应用情况的最广泛体现。

1. 信息化校园建设极大地解放了辅导员的劳动力

辅导员的工作包括思想理论教育和价值引领、党团和班级建设、学风建设、学生日常事务管理等，其中任务繁重的学生日常事务管理占据了辅导员绝大多数的工作时间和精力，是辅导员职业倦怠感的重要来源。繁琐的事务性工作挤占了思想政治教育和价值引领的时间，影响了思想政治教育实效。综合信息服务平台的应用极大地改善了这一情况。正在推进的数字校园建设将大量繁琐的事务性工作进行了数字化升级，使考勤、奖助等日常管理可以在数字平台进行，极大地提升了辅导员的工作效率。参与调研的所有高校均已启

用了综合信息服务平台或数字校园平台，信息化的推进极大地解放了辅导员的劳动力，提升了工作效率，辅导员显著地受益于信息化建设。但值得注意的是，虽然受访对象所在单位都完成了综合服务平台建设，但总体满意度不高，以5点计分法计所有受访对象对综合信息服务平台的满意度仅有3.5分，受访者认为现行信息服务平台存在数据孤立、入口过多、数据更新不及时、数据覆盖面小、数据协调统筹度不高等缺点。

"虽然思想理论教育和价值引领是辅导员的主业，但我感觉我的时间绝大多数都花在处理各种日常事务上，'上面千条线、下面一根针。'全校各个部门的工作都跟学生有关系，学校也养成了一涉及学生就找辅导员的习惯，工作中常常被各种'deadline'追着跑，缺一个表格、一个数据都会被领导'夺命连环call'，疫情期间各类疫情防控工作都落在辅导员头上，处理日常事务性工作占据了我绝大多数时间。"（受访者A1，从事辅导员工作7年）

2. 辅导员充分认识到思想政治教育大数据方法的重要性但能力及培训力度不足

一线思想政治教育辅导员充分意识到了以大数据方法开展思想政治教育的重要性，都认为大数据方法对于提升工作效率、促进学生成长成才有较强的促进作用，有必要在思想政治教育中应用大数据方法。但值得注意的是，很多辅导员在访谈中提到了技术瓶颈，不掌握大数据方法的编程、建模、分析技能是困扰一线辅导员利用大数据方法的主要难题。有超过20%的受访者表示自己完全不具备利用大数据方法开展思想政治教育的能力，超过50%的受访者表示具备以大数据方法开展思想政治教育的意识，但限于技术无法实施，大约20%的受访者能利用大数据平台或应用的分析结果辅助开展思想政治教育，仅有不到5%的受访者表示具备采集、整理大数据，建构挖掘模型并利用其指导实践的能力。与一线辅导员普遍缺乏大数据技能的现状相对应的，是高校大数据方法培训的缺位，超过30%的受访者指出学校从未进行过大数据方法相关培训或仅有一次；仅有6%的受访者表示学校对思想政治教育大数据方法开展了系统培训。与教育学科如火如荼地开展的数字化、信息化培训相比较，思想政治教育信息化、数据化教学方法的培训显得较为落后。

3. 辅导员思想政治教育的成效评价与评估方式亟需改进

思想品德具有综合性、长期性、发展性，而以往对思想政治教育的评估大多以完成性评价为主，即是否开展了各类思想政治教育活动、党政一把手是否开展思政课教学、辅导员是否有谈心谈话记录等，对工作的评价以是否完成为标准，但对完成的成效、开展的方法的测量仍然缺乏明确的评价体系，思想政治教育有效评价手段仍然缺乏。

"由于我本人是教育学出身，我经常关注智慧课堂等教育信息化新进展。与学科教学领域如火如荼的信息化进展相比较，我感觉思想政治教育的教学法一直在原地徘徊，没有太大进步，好像思想政治教育关注的只是你做了没有，却没有关于怎么做、做得怎么样的测量，个人有时觉得思想政治教育与教育学对效果的量化研究并不重视，思想政治教育方法研究已经远远落后于政治学科教学相关研究。"（受访者A2，从事辅导员工作3年）

4. 思想政治教育实践中的数据壁垒阻碍其深度应用

除了辅导员技能不足及思想政治教育评价方式亟待改进外，思想政治教育实践中大数据方法的应用还面临着广泛的数据壁垒。反映较为突出的是数据采集来源不足、数据格式不一、数据利用困难、部门间数据共享协作不充分及思想政治教育相关大数据产品缺少。

"为了提高工作效率,节省工作时间,提升工作成效,我注重利用信息技术开展思想政治教育管理,比如用'问卷星'申报疫苗注射信息、用'请答到'统计考勤情况。但思想政治教育是一个整体的、有机的、动态的过程,学生的各方面表现都可以成为思想政治水平的评价依据,而我们往往对学生成长发展中的过程性数据采集不足,如学生提交入党申请书,被确定为入党积极分子后的1年时间是其发展对象考察期,应该有一些数据对其成长及进步的表现做出记录,但目前这方面的数据非常缺乏,我们只能通过成绩、获奖等结果性评价指标对其进行判断,参加党团活动的次数、参与志愿服务活动的表现等大量的思想品德过程性数据没有被恰当地采集、收纳、分析。"(受访者A2,从事辅导员工作3年)

学生的思想品德是德智体美劳各个方面的综合评价,是没有明确分界的有机整体,但高校的行政管理架构却人为地按照业务的分类将学生的思想品德表现划分到不同的行政职能部门,造成不同业务部门的数据格式不同、共享口径不一、联动性不够。能反映学生德智体美劳五个方面情况的综合社会实践、教学表现、体育表现、美育和劳动教育表现数据分散在学生信息服务平台、教务信息平台、体能测试系统等若干个系统,缺少以学生个体为中心的综合数据系统。

"我们辅导员是归口学生工作部管理,学生居住的宿舍则归口后勤处管理。为了了解学生每天在宿舍的情况,我特别希望能掌握学生每天刷卡出入宿舍的数据,有了这个数据可以很方便地排查出谁夜不归宿、谁长期在宿舍不去上课。其实只要在综合信息服务平台开一个端口与后勤管理信息系统连通,筛选出每天最早一条数据和最晚一条数据即可,另外也可以设计学生超过3天未产生校园卡记录等预警系统,这就极大地方便了辅导员的日常工作。但学生综合信息服务平台和宿管中心分属学生工作部和后勤处两个部门,其中的数据壁垒始终无法弥合。我入职7年,后勤只给我导出过一次一个星期左右、杂乱无章的原始数据,很难从中发现学生的生活、学习规律。每次想要近一段时间的数据,宿管部门都说要跟直属领导汇报,只能由校学工部领导与同级别的后勤部门领导沟通后才能获得,非常麻烦。时间长了我也懒得再去要数据,学生几点回宿舍,是否有夜不归宿等情况我也根本不能及时掌握。"(受访者A1,从事辅导员工作7年)

5. 思想政治教育大数据方法的应用需要整体的顶层设计

谈及思想政治教育实践中大数据方法的应用,受访者多次谈及"无力感"。辅导员是思想政治教育最基层实践者,能直面思想政治教育应用中大数据方法的现实需要,也能感知实践的痛点与难点。不少学术研究从愿景的视角探讨大数据方法在思想政治教育应用中的前景,却忽视了实际操作中的推进细节。从调研反馈看,一线思想政治教育辅导员认为,思想政治教育大数据方法的应用首先需要从总体结构上予以顶层设计,由学校、教育主管部门明确大数据方法的推进程度和整体架构,即思想政治教育大数据方法的实践应自上而下与自下而上相结合,若仅由一线思想政治教育工作者推进大数据方法的应用,则只能停留在器物层面的效率提升,而不能完全发挥思想政治教育大数据方法的整体功能。其次要根据大数据方法的需求构建与之相匹配的数据采集、存储、分析、流动系统,明确数据采集的范围、标准、格式和数据共享的要求,打破数据孤岛现状,充分发挥大数据整体、联动、动态的技术优势。

"虽然有较多数据化手段，但是数据之间的联系不够，存在数据孤岛的情况。比如，疫情期间对学生的同一个信息反复收集，反而造成工作量的增加。各个部门数据间不互通的情况仍然存在。此外，数据的采集方式也亟需改进。目前，绝大多数数据都是通过主动填写生成，如疫情期间学生的行动轨迹大多是由学生自主填写的，这就造成了数据真实性有待商榷的问题。"（受访者A5，从事辅导员工作5年）

（二）第三方技术提供商：大数据方法应用的"保障者"

目前，国内高校普遍已经完成了学生思想政治教育的信息化进程，大多数高校采取采购第三方技术服务的方式搭建和维护本校的学生综合信息服务平台，用来承担日常学生教育管理中的基础数据记录和业务办理。学生综合信息服务平台是数字校园建设、信息化建设的产物，也是大数据方法应用不断深化的重要推手，不少已经投入使用的大数据技术服务都来源于学生综合信息服务平台功能的更新与升级。为了更深入地了解大数据方法在高校思想政治教育中的应用及发展，研究访谈了Fx高校学生综合服务平台设计者，调研了青鹿智慧教育等第三方技术提供商，尝试描绘数字化浪潮下思想政治教育大数据方法应用的具体路径与实践图景。

1. Fx高校学生综合服务平台：思想政治教育工作信息化是大数据方法的基本雏形

Fx高校学生综合服务平台目前已在华南师范大学、河南师范大学、广东工业大学、广东药科大学、广东医科大学、清远职业技术学院等高校投入使用，拥有32项国家软件著作权、17项国家发明或实用新型专利。平台可以实现思想政治教育日常管理中学生基本信息记录、奖助申请审批、请假销假、疫情防控等业务的信息化办理，同时还嵌入了毕业生离校一站式服务平台、广州大学城十校课程互选网络平台等，在高校学生工作中具有较高的知名度与代表性。

Fx高校学生综合服务平台完成了学生服务信息化建设，但与大数据方法的广泛应用仍有差距。通过调研日常思想政治教育工作的普遍痛点，学生综合服务平台开发者认为当下工作存在学生事务繁复、危机应对被动、学生差异多元、运营管理粗放的普遍问题，希望能够通过综合服务平台实现管理科学化、研判智能化、教育个性化、服务精细化的大数据升级。

第三方技术提供者是大数据方法应用实现的关键保障。大数据方法的应用是一个逐步推进的过程，而推进的动力除了国家政策的引领外，更源于实际工作的需求及第三方技术提供商的技术支持。一定程度上，第三方技术提供商开发的应用及功能决定了大数据方法的应用范围及程度。目前思想政治教育实践中大数据方法应用的需求和实现间的良性互动尚未形成，教育行政部门缺乏对大数据方法应用的明确指引，一线思想政治教育辅导员、思政课教师缺乏对大数据应用需求的发声渠道，第三方技术提供商主要根据市场需求规模单方面决定哪些功能得以开发并投入使用，教育行政部门—技术提供者—一线思想政治教育工作者的需求提出—应用—改进的实践路径尚不通畅。

"大数据的应用是一个长期的过程，把国家的政策落地实施需要教育行政部门、学校、一线辅导员、思政课教师及技术提供者的多方联动，而现实中往往是技术提供者主导了大数据技术的应用方式和应用程度，一线工作人员只能在我开发的系统框架下使用。一般开发者会通过前期的调研设置一些符合绝大多数场景和用户需要的功能供高校选择，个别特殊场景和功能也可以定制，但由于定制费用高、人力成本大，应用并不广泛，辅导员、思政课教师等一线工作者灵活地运用系统开展思想政治教育工作的水平尚未达到。"（受访者A8，高校学生综合服务平台开发者）

大数据方法的充分应用要经历信息化、数据化、智能化的发展过程。信息化对应的是单一的学生工作系统模式，能记录学生的基本信息、完成日常思想政治教育管理业务的信息化操作，但与教务、健康、后勤等其他系统相区隔。数据化对应的是一站式综合服务大厅模式（图4-9），思想政治教育系统与其余业务系统的壁垒被打破，数据得以共享、流动，以生为本的数据化一站式服务体系初步建立。智能化对应的是个性、动态、主动的思想政治教育服务模式，数据的精准呈现使学生的差异得以体现，精细化、个性化的思想政治教育得以实现。大数据的应用使得特殊情况的识别和预警得以实现，思想政治教育的主动性、预判性、前置性成为可能。

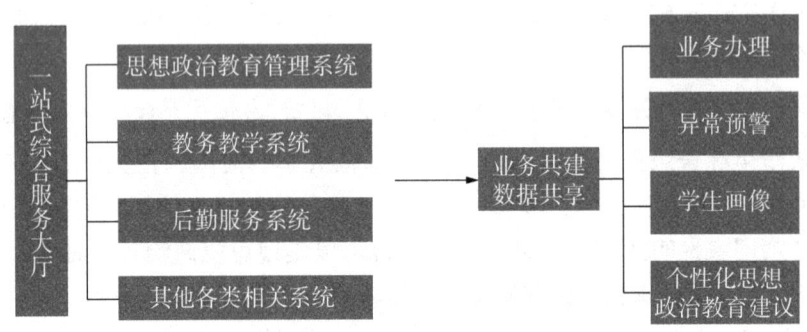

图4-9 一站式综合服务大厅示意图

"近期，教育行政部门要求大一新生在入学前上交一份个人自传，自传可以帮助辅导员等思想政治教育工作者了解学生的生活经历、心理情况、思想品德素养等，但也要耗费大量的人力和时间。目前，我的研究团队正在研发一套自传预警系统，尝试用文本分析和机器学习分析学生的心理健康水平、思想道德修养、个人经历等，有特殊情况的将及时向辅导员发出预警，帮助思想政治教育工作者更及时、便捷地开展工作。"（受访者A8，高校学生综合服务平台开发者）

总的来说，高校学生综合服务平台是高校信息化建设的产物，通过将思想政治教育日常工作中各项繁琐性事务进行信息化升级，极大地节约了思想政治教育的人力和时间成本，给师生提供了极大的方便，助力思想政治教育现代化建设。目前，以高校学生综合服务平台为代表的学生工作系统正在经历从数字化到大数据的转型与升级，通过更大范围的数据采集、更智能的机器算法，使大数据方法助力于思想政治教育的主动性、独特性、成效性发展。

2. 思想政治教育的大数据方法应用以数字德育产品为主要代表

目前，专门提供思想政治教育大数据应用的第三方供应商比较少见，大多数商家以包含了软件、硬件、平台及应用的一体化数字校园解决方案为主要产品。部分商家在一体化数字校园解决方案中搭载了数字德育产品,这是目前第三方供应商提供思想政治教育大数据方法应用的主要形式。值得注意的是,当下市场主要的数字校园解决方案大多以中小学为目标客户,其思想政治教育产品与中小学学段的德育需求相匹配,因此多称为"数字德育"产品。虽然德育与思想政治教育在目标、形式、载体等方面均存在差异,但"数字德育"产品仍然可以为高校思想政治教育的大数据方法应用提供一定借鉴。

"中小学学校规模小,管理体制机制顺畅,且没有经历大规模的信息化系统建设,从零开始搭建智慧校园很容易。而高校各个业务线已经经历了近20年的信息化建设,各类信息系统参差不齐且大多仍在使用,协同化程度很低。要想建立完整的数字校园体系,就要厘清多个业务线之间的顺承和纵横逻辑。这就相当于装修,装修一套新房很简单,想怎么装就怎么装,而改造二手房要考虑老电线、老水管与新需求的匹配,这就困难多了。"(受访者A8,高校学生综合服务平台开发者)

数字德育产品是以数字化手段辅助德育工作开展的产品总称,主要有班级管理的在线展示及评比、学生参与各类活动的记录及打分、学生综合素质的整体数据性评价等功能,解决了传统德育活动以人工方式记录、主观性评价居多、综合数据记录不完整、数据展示不全面不生动等问题。

当下主流的数字德育方案的执行理念与高校信息化建设类似,主要是将德育流程从人工、线下转向数字化及线上,并通过数据化、整体化的形式予以展示。然而在学生的评价方式、德育的开展形式、成效的整体评估方面,并没有因为数字德育方案的采纳而得到根本性的改变或进步。此外,由于高校思想政治教育与其他核心业务事实上的分离和区隔,单独的思想政治教育数据化系统需求量较小,但前期投入的技术成本较高,市场上第三方技术供应商缺乏开发相关产品的动力,高校思想政治教育大数据产品较为缺乏。

调研发现,现有的智慧校园解决方案以管理、服务、教学为主要类型,适应思想政治教育需求的学生评价、思想政治教育工作评价、思想政治教育资源的开发与利用等功能仍然较少,思想政治教育大数据方法的现实实践仍然停留在信息化应用层面,主要以线上的信息化工具替代线下的纸质的教育过程,与以大数据方法促进思想政治教育路径革新、推进思想政治教育智能化的理论设想仍然存在较大差距。思想政治教育大数据产品供应的不足是阻碍大数据方法推进的重要原因之一。

3. 智慧教育集成解决方案:高校数字教学的新尝试

青鹿教育是提供集智慧教学空间、智慧教学硬件、智慧教育软件、智慧教学应用与智慧教育决策于一体的智慧教育集成方案的供应商。通过智慧教室系统、智慧教学平台、教学督导平台、智慧硬件系统及教育大数据系统构建智慧教育生态,实现了授课数据、互动数据、作答数据、教学视频、环境数据、设备数据的自动无感式采集,打造了多屏共享、互动流畅、评价多维、数据驱动的"教学+课后"的教学场景。其打造的手机智慧教室系统、研讨互动智慧教室、课程教学平台与教学督导平台已被山东大学、中南大学、华南师范大学等近百所高校应用,是市场上具有较强代表性的大数据教育方案供应商。大数据方法的应用需要硬件设备、软件应用、整体环境的全面升级。目前,市场上主流的智慧教解决方案多采用硬件设备与软件应用相结合的整体解决方案，其系统内包含了 BYOD（bring your own device，自己的办公设备，如笔记本电脑、iPad、手机）、多媒体教学设备（摄像头、摄影机、投影仪、计算机、音响等）、数据中心（学情分析系统、教学分析系统、教学督导系统）等硬件及软件。

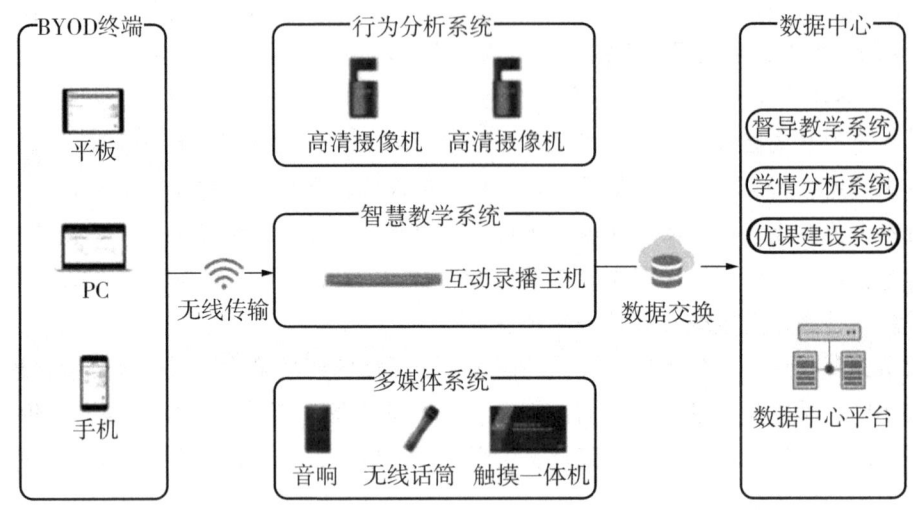

图 4-10　基于大数据方法的智慧教室解决方案图①

通过充分利用各类数字设备，现有智慧教育解决方案主要实现了以下改进：一是提升了课堂的互动性，与翻转课堂、项目式教学等新型教学方法相匹配，手机、笔记本电脑等 BYOD 设备均可接入课堂，师生互动的数据得以高效、便捷、清晰地展示。二是实现了课堂的数据化，学生的分组研讨、随堂练习数据，老师的课堂互动数据、教学成效数据，院校的课程总览、情况分析数据均可以通过硬件的收集与软件的分析，形成数据评价体系并保存为课程资源库，达成学生学习体验优化、教师教学模式多样、评价方式多元、管理过程科学等目的，有效地改善师生教与学的体验，提升教育实效。

大数据方法的应用是智慧教学区别于传统教学的显著特征，智慧教学注重通过各类移动终端无感式设备采集教学过程中的课程数据、师生行为数据、设备运行数据与教学督导数据，以提升教学的实效。各类数据搜集详情见表 4-7。

以青鹿教育为代表的智慧教育集成解决方案供应商在践行大数据方法中有如下显著特征：

首先，大数据方法的应用需要硬件、软件、应用、环境的全方位革新。第三方智慧教育集成解决方案之所以称作"集成方案"，原因就在于方案中包含 PC、iPad、手机、智慧盒子、摄像头、屏幕等智慧硬件，也包括了录课、数据采集分析软件，还包含了数据分析系统、教学督导系统、设备监控系统等应用，上述三类设备共同构成了适应大数据方法需要的智慧环境。硬件、软件、应用分别呼应了大数据方法的数据采集存储、分析、使用功

---

①青鹿教育．录播互动智慧教育解决方案［EB/OL］．https：//www.qljy.com/view_ 2.html.

能，三者缺一不可。

表4-7 大数据方法数据采集表

数据类型	数据类别	数据类别	数据类别	数据类别	数据类别
课程数据	课程总数	课程建设与运行	课程资源与使用	课程获奖	—
师生行为数据	教师互动情况	随堂测验正确率、完成时间	师生情感分析	分组讨论数据	整体学情
设备运行数据	出勤情况	教室使用情况	设备使用情况	教学环境情况	—
教学督导数据	教师教学预警	学生学习预警	缺勤等突发预警	教学综合效果评价	—
其他	教学视频	学生课堂讨论成果	综合教学报告	—	—

其次，大数据方法的应用以无感式数据采集为主要数据来源。传统思想政治教育实践中的数据主要依靠人工录入，存在采集范围不足、精确度不高、格式不一等问题，而在智慧教育解决方案中，数据的采集主要是无感式的伴随采集，师生互动数据、课堂随堂测验数据、分组讨论数据在生成的同时即被按照一定的格式进行记录和分析。无感式采集具有数据全面、准确、无法被后期修改等特征，是实际情况的真实、客观、全面的反馈与表征。

最后，智慧教育集成解决方案在实际运用中有一定的刻板性。目前智慧教育集成解决方案采用的是一套方案、局部微调的售卖方式，学校、教师、学生的实践需求只能在其原始框架中开展，供应商尚未开发的功能和方案则无法使用，因此自主性和灵活性较差；此外，因大数据方法的应用需要从硬件、软件到教学场所和环境的整体改造，经济成本较高，每所学校一般建立5~10间智慧教室作为智慧教育的试点和探索，尚无法应用到所有课堂，思想政治教育课程智慧教学的普遍开展尚未实现。

(三) 思想政治教育管理者：大数据方法的"观望者"

思想政治教育管理者指的是高校党委副书记和学生工作部、学生处、校团委等主要负责学生思想政治教育工作部门的负责人。思想政治教育管理者需要执行国家思想政治教育的路线方针，制定全校学生思想政治教育政策及方法，制定相关工作规范、体系，是大学生思想政治教育工作的重要决策者与执行者，在高校思想政治教育工作的发展与走向中具有重要作用。

研究通过访谈高校学生工作部部长了解和勾勒了大数据方法应用在思想政治教育管理者层面的现状与困难。

1. 普遍共识：思想政治教育大数据方法有着广泛的应用前景与充分的实践需要

在大数据方法深度介入社会生活的当下，高校思想政治教育管理者敏锐地把握了党的十八大以来党和国家出台的思想政治教育相关文件中对新时代下互联网环境与大数据、人工智能等信息技术的高度重视，普遍认识到大数据方法将成为重构思想政治教育工作、革新思想政治教育路径、提升思想政治教育实效的趋势与发展方向。对于高校推进思想政治教育大数据方法的落地与应用，调研显示：依赖于学校信息化建设的思想政治教育网络化、数据化仍是主流，各高校均推行了一定的信息化措施助推学生思想政治教育工作效率的提升，但基于大数据采集和分析应用而开展的个性化教育、趋势预测、智能预警等措施尚未得到广泛的普及与应用。在思想政治教育大数据方法的广泛推广上，思想政治教育管理者存在着一定的观望情绪。

2. 评价导向：思想政治教育数据化评价体系有待完善

在立德树人根本任务的整体要求下，当下高校对思想政治教育的重视达到了前所未有的高度，思想政治教育工作取得了显著的成效。目前我国高校现行评价体制如教学评估、学科评估、师范认证、"双一流"建设成效评价等均强调将立德树人成效作为根本标准，将做好思想政治工作和意识形态工作作为评价学校及其领导和管理人员的重要要求。但是，与明确且量化的教学评估、学科评估指标相比较，思想政治教育评价缺乏明确的成效指标体系，数据化的评价方式有待完善。此外，由于思想政治教育成效的难测性，思想政治教育评价在"主观评价"和"唯数据论"之间难以寻求一个合适的平衡点，思想政治教育数据化的评价体系有待进一步完善。

"目前我校的思想政治教育大数据主要以线上代替线下的数字校园服务为主要形式，智慧化的大数据应用仍然没有实施。其中一个重要原因就是思想政治教育工作具有特殊性，如何利用数据评价思想政治教育成效是一个难题。如辅导员工作重要内容之一是谈心谈话，很难说谈话的次数多，其效果就好。要对学生谈话前谈话后的外显行为进行统计分析才比较科学，而哪些外显行为与思想政治教育成效具有相关性仍然需要明确。"（受访者A7，某部门书记，曾任学工部副部长）

3. 整体统筹：思想政治教育大数据方法需要通盘考虑、协调发展

大数据方法的全数据要求高校各行政部门通盘配合，需要教务、教学、实践、管理数据的支持和配合。大数据方法的运行使用是一项促进学生思想品德发展的系统性工程，学生工作部仅是学生思想政治教育过程中的最后实施部门，无法以一家之力盘活涉及学生发展的各项数据及业务，大数据方法面临各类数据分隔、整体作用发挥不足的困境。

"大数据方法，顾名思义，其核心在于数据。学生在校期间产生数据的环节有很多个，招生进来是招考处、人才培养是教务处、生活服务是后勤处，用一句流行的话说，我们学工口不生产数据，只是数据的搬运工，但问题是我们搬别人的数据，别人同意吗？就单从数据保护层面，很多单位都对把数据给出来顾虑重重，学工部并不是行政部处里的强势部门，很多部门有本位意识，对共享数据顾虑重重。"（受访者A7，某部门书记，曾任学工部副部长）

4. 缺乏先例：目前仍然缺乏以量化方法评价思想政治教育成效的成熟做法

与教学评估、学科评估等评价体系有明确的量化性考核指标相比较，思想政治教育的成效性评价指标较少。在实际工作中，高校之间的思想政治工作成效差异并不显著。大数据方法的应用有望改变这样的局面——数据化的评价方式使思想政治教育的成效以数据为表征。然而，短期的思想政治教育成效评价数据能否代表需要长期发展的思想品德水平？不同学校数据上的差异能否代表思想政治教育工作成效的差别？如何以量化的方式评价思想政治教育工作？这些问题目前仍然缺乏成熟的范例参考，高校在实践过程中也出现了相

互观望、踌躇不决的现实局面。

"做大数据思想政治教育需要一大笔经费投入,这是全校信息化建设的系统投入,单凭某个部门很难做到。目前思想政治教育大数据还没有在实践中大规模应用,大家存在一定的观望情绪。"(受访者A7,某部门书记,曾任学工部副部长)

五、思想政治教育大数据方法的实施困境

研究发现,虽然辅导员、思想政治理论课教师、思想政治教育管理者等思想政治教育相关人员普遍都对大数据方法的必要性和趋势性有充分认识,但由于推进其应用需要整体性、全局性的统筹与实施,推进过程中各主体的关注点与诉求不尽相同等原因,现实实践与理论设想存在较大差距,思想政治教育大数据方法实践遭遇了若干难点,理论设想与现实情况出现了一些矛盾。

(一)大数据方法需要协同一体发展

党的十八大以来,以习近平同志为核心的党中央对教育工作作出了新部署、新要求,坚持把立德树人作为教育的根本任务,推动建立全员、全过程、全方位的育人机制,建立教书育人、科研育人等十大育人体系,将育人作为衡量检验高校一切工作的根本标准,对高校各项工作合力育人的统筹与协同性提出了更高要求。

面对新时代高等教育立德树人的根本任务、"三全育人"的机制要求,高校现有思想政治教育机制的协同性受到极大挑战。

首先,新时代全员、全过程、全方位的育人机制需要协调、重构。一直以来,高校工作按照业务范围可以细分为教学、组织、人事、后勤、学工、宣传等若干版块,各类业务由相应处室承担,职责明确,人员固定。"三全育人"机制要求学校的教学、科研、管理、服务等各项业务均要发挥育人作用、形成育人机制。那么,高校各业务部门的工作职能、业务范畴要与育人功能有机融合,这需要重新界定其责任范畴、评价标准、工作内容,以充分激发学校整体的育人合力。

其次,学校信息化建设过程中的各类信息系统及数据资源平台需要整合性地开发利用。我国高校信息化建设已开展多年,各部门、各业务在不同发展阶段建立的平台相互分割、无法联动,造成了数据孤岛的普遍存在。原有的信息化成果无法适应于大数据时代的数据需要,这就对高校内各时期、各业务的数据系统整合提出了要求。与从零开始搭建大数据应用平台相比,整合原有系统需厘清业务逻辑、统一数据格式,并充分考虑各项业务育人功能的发挥,建立全新的一体式的思想政治教育大数据平台,这对高校信息化建设的统一谋划与执行力度提出新的挑战。

最后,新时代全员育人队伍机制需要明确职责分工。坚持全员育人,不是让所有人在育人过程中承担相同的职责、发挥同样的功能,而是需要全体教职员工立足自身岗位,遵循工作、教育规律,各司其职,尽可能调动工作中的育人元素,打造育人合力。形成育人合力,应明确工作重心,即所有工作都应以立德树人为根本,以学生的发展成材为目标,这就需要建立以学生为中心的人才培养机制,明确各类教职员工在人才培养过程中的工作

职责。形成育人合力，还应明确不同思想政治教育主体的职责分工——辅导员是开展大学生思想政治教育的骨干力量，思想政治理论课教师是开展马克思主义理论教育、用习近平新时代中国特色社会主义理论思想铸魂育人的中坚力量，应该发挥两者在思想政治教育过程中的主渠道作用；任课教师、科研工作者、管理服务人员是育人体系的重要组成部分，在人才培养过程中要立足岗位，优化程序，营造良好的育人氛围。高效的育人队伍需要不同业务部门间职责的相互匹配，也需要共建、共享的大数据机制为各项业务奠定坚实的工作依据。然而从实际工作看，高校育人过程中各类队伍间职责构成相对封闭，数据共享还不畅通，育人合力仍不完善，效果有待提升。以大数据方法为基础，通过打通业务部门间的数据壁垒厘清育人逻辑，是新时代打造思想政治教育全员育人合力的重要契机。

(二) 大数据方法需要教育理念革新

党的十八大以来，以习近平同志为核心的党中央充分认识国际国内新的发展局势，提出不断开创新时代高校思想政治工作新局面的工作要求，高校思想政治工作要全面实施质量提升工程，将一直以来的"软指标"变为"硬约束"。新局面提出新要求，新要求呼唤新办法、新思维，思想政治教育大数据方法的应用既呼应了新时代思想政治工作新局面的需要，同时也需要思想政治教育的理念革新相配合。

首先，是思想政治教育方法的理念革新。一直以来，灌输法是思想政治教育采用的主要方法，这种方法较少考虑教育对象的个体差异，也不注重教育实施效果的评价，缺乏严格的督导考核机制，是较为典型的"软指标"，思想政治教育的针对性和成效性有待提升。新时代，思想政治教育要从软指标变为硬约束，注重对育人成效的考核，这就需要从教育方法上考虑教育对象的个体特征及需要，做到从规模性灌输到个性化教育的方法转变。大数据方法的应用为采集、识别、判断学生的个体特征提供了充分的数据支撑，辅导员、思政课教师等思想政治教育主体可以通过数据在掌握学生的思想政治表现、学习倾向、短板及特长的基础上制定个性化的教学方案，并根据教育反馈数据及时调整，以确保最佳思想政治教育效果的达成。

其次，是思想政治教育评价理念的革新。《深化新时代教育评价改革总体方案》指出：教育评价事关教育发展方向，有什么样的评价指挥棒，就有什么样的办学导向。[1] 思想政治教育的评价方法是思想政治教育的指挥棒，但一直以来，思想政治教育工作的评价手段较为单一，对学生、教师、高校等对象的分类评价体系尚不完善。对待学生主要采用考试评价、表现评价等方式，缺少形成性、发展性评价，评价主体以教师评价为主，学生自评、师生共评、社区参评等多元的评价体系仍未建立；对待教师的评价开展得还不够充分，对于评价结果的运用仍不广泛，缺乏对辅导员等思想政治教育工作者的评价体系；对高校思想政治教育工作的评价以是否完成为主要标准，对成效性的评估尚较少开展。与学科教学评价方法的立体多元相比，思想政治教育评价体系仍然较为单一，评价方法的科学性有待提升。评价方法科学性不足与思想品德的长期性、发展性、复杂性与内在性特征紧密相关，一直以来学界和业界都存在着思想品德是否可以评价以及如何评价的争论，大数

---

[1] 参见《深化新时代教育评价改革总体方案》，中发〔2020〕19号文。

据方法的应用提供了以多元的外显行为推断内在思想品德的关联性方法，对思想政治教育成效的反映更为精准，有助于辅助思想政治教育工作者更好地把握外显行为与内在品德间的相关关系，建立更为有效的思想政治教育评价体系，以促进思想政治教育实效的提升。

最后，是思想政治教育工作者管理理念的革新。研究发现"求稳心态"代表了一部分思想政治教育管理者的工作理念，与一直以来思想政治教育的"软指标"形成鲜明对比的是高校思想政治工作避免重大意识形态问题发生、杜绝各类学生伤害事件、妥善处置各类突发舆情等"硬任务"，思想政治教育工作评价的缺失与各类突发事件的高显示度在一定程度上造成了思想政治教育管理理念的错位——求稳心态成为超越立德树人核心任务的工作主流，这在一定程度上影响了思想政治教育立德树人、追求卓越教育目标的达成。

（三）大数据方法需要教育设施升级

通过对学生工作数字服务平台及智慧教育方案的调研发现，大数据方法的应用不仅需要理念的革新、技术的支持，同时还需要学习环境中各类设施的智慧化升级。目前，大数据思想政治教育环境仍然以传统的信息化设备为主，无法适应大数据方法数据采集、数据分析、数据储存、数据交互的应用需要。

大数据方法以采集学生相关的行为数据为基础，现有的信息化设备采集数据主要依赖人工手动采集录入，存在数据搜集范围小、录入过程繁琐、各类数据保存无序、数据间存在壁垒、综合利用度低等现实问题。现行的数据采集范围除基础数据外以终结性评价数据为主，主要是姓名、学号、考试成绩、获奖情况等，大量与思想品德相关的行为数据未被采集，数据搜集存在明显的重智育、轻德育的采集导向，违背了思想政治教育立德树人的根本使命。要将体现学生思想品德情况的外显行为纳入评价体系，就需要更新思想政治教育环境设备。首先要打通数据采集的来源渠道，将手机、平板电脑、摄像头、麦克风等智慧采集设备与数据处理器连接，保障充分的数据采集来源；其次要设置数据处理中枢，负责数据的处理与分发，部分第三方技术供应商开发了智慧盒子作为整个教育系统的数据处理中枢；再次要设置数据显示终端，以可视化方式显示数据，供思想政治教育教师、学生及相关管理者参考使用；最后，还需要匹配数据储存终端以实现对大量数据的妥善保管。总之，现行的信息化设备与思想政治教育大数据方法广泛应用所需的设备要求仍有一定差距，需要逐步对思想政治教育环境开展智慧化升级，从而满足大数据时代的设备需求。

（四）大数据方法需要落实保障规范

大数据方法的应用需要搜集学生各类数据，数据的使用伦理与学生的隐私保护成为大数据方法应用过程中必须面对的现实问题。2021年11月1日，我国《个人信息保护法》开始施行，高校在应用大数据方法时要依据相关法律法规，在法律允许范围内开展数据的采集与分析应用。然而，由于学校在教学活动中占据了天然的优势地位，校方和教师可以获取大量数据，但在此过程中缺乏相应的数据监管，这对高校驾驭数据的能力提出了新的挑战。从信息保护层面看，大数据方法在思想政治教育活动中的应用主要面临着两大难点：一是思想政治教育立德树人、促进人的全面自由发展的根本目标与大数据方法的机械性之间存在矛盾。由于计算机程序的固定，大数据方法具有明显的机械性。要在充分利用其量化的认知优势的基础上保障学生成长发展的主体性,避免数据霸权、数据决定论。二是要明确高校数据采集、使用、储存的规范与边界。针对大数据时代的个人信息保护,目前已经形成了若干共识性的规范,我国的《个人信息保护法》也已经开始施行,但专门针对学校数据使用的规范仍然欠缺。与一般学科教育不同的是,思想政治教育需要搜集和使用学生德智体美劳各个方面的行为信息,如何界定信息的搜集范围、明确信息的使用规范及保存原则、尊重学生对数据的主体权利是思想政治教育大数据方法实现广泛应用所必须解决的前置问题。

(五)大数据方法需要超越数据偏向

大数据方法作为信息革命的产物,是一种生产力,也具有意识形态。大数据方法在现实应用中已经暴露出若干意识形态危险,如俄乌冲突中大量社交媒体机器人在互联网发布虚假消息、美国前任国务卿希拉里承认美国利用互联网等新媒体煽动舆论。另外,商业营销等盈利目的也使得大数据方法产生了明显的数据偏向。在思想政治教育实践中,大数据方法的广泛应用侵占了思想政治教育者及学生双方的主体意识:教师失去了主体判断,依赖数据结果开展思想政治教育;学生的学习主动性丧失,被动地接受大数据推送的思想政治教育内容,产生严重的数据依赖性,陷入人被自己创造的技术所奴役的悖论之中。其次,思想政治教育过程具有鲜明的价值判断,而大数据方法与思想政治教育价值取向并不完全匹配。大数据方法体现的是技术理想,是机械的客观计算的结果,缺乏思想政治教育过程中必备的价值判断与人文关怀。运用大数据方法开展思想政治教育,必须考虑思想政治教育的价值性、人文性特征,规避教育过程中的数据霸权主义。再次,大数据方法的应用需要辨别数据的真伪与有效性。在现有的思想政治教育过程中,网络投票是一种较为常见的活动方式,而与之相伴的是大量网络水军、机器人刷票和拉票的不良现象,高价购买微博"热搜"也是数据虚假的典型负面案例。这些不良行为导致数据结果与真实情况的巨大偏离,严重影响了大数据方法促进思想政治教育活动开展的成效性。最后,大数据方法的不同算法也会影响思想政治教育大数据方法的成效,不恰当的算法将造成大数据"杀熟"、诱导沉迷等不良后果。商业化的大数据技术使用带来的负面影响已经为思想政治教育大数据方法的推广敲响了警钟,目前教育领域仍然缺乏切实有效的针对大数据方法的算法监管机制,谁有权决定思想政治教育大数据方法中的算法、谁来审核思想政治教育大数据方法的算法、依据什么标准审核思想政治教育大数据方法的算法成为保障思想政治教育价值导向的重要问题。

目前,思想政治教育实践过程中大数据方法的应用仍不深入,因此对其的反思和监管尚未有效开展,但思想政治教育实践需要平衡思想政治教育的意识形态主导与大数据技术的偏向,规避大数据方法的机械性特征,使大数据方法成为思想政治教育的重要助推力量而非掣肘。这就需要思想政治教育工作者在大数据方法实践中根据实际情况,摸索出一套对大数据方法正当性、合理性、有效性进行评估的算法审查评价机制。截至目前,相关研究仍然相当缺乏。

总的来说,在实践应用层面,思想政治教育大数据方法的实际情况与理论设想仍有一定差距,仍需对照大数据方法需要,推进思想政治教育的主体、客体、环体不断革新。从思想政治教育者的角度来看,目前思政课教师、辅导员等从业者普遍缺乏大数据技能,运用相关方法系统性开展大数据方法实践的能力有待提高;教育者内部的统筹协调仍然有待完善,不同教育主体与部门间以立德树人为核心目标的教育合力尚不能充分发挥。从思想政治教育对象的角度看,大数据方法下数据伦理、教育伦理保障的相关条款还未形成共识,思想政治教育数据规范仍然有待形成。从思想政治教育环境看,大数据方法需要思想政治教育环境的智慧化更新,师生个人的手机、笔记本电脑等终端与教学所需的场所及设备均需进行智慧化的升级和改造,以匹配大数据方法的数据采集与分析需要。

第五章　思想政治教育大数据方法的改进思考

思想政治教育大数据方法由于其智慧化、前瞻性而备受关注，不少观点认为思想政治教育大数据方法的应用将变革思想政治教育实践，促进思想政治教育的实效性、个性化提升，引发思想政治教育的范式变革。然而研究发现，思想政治教育大数据方法在实践应用中面临着协同性不够、教育理念陈旧、教育基础设施智慧化程度不足、数据保障制度缺乏等困难。要结合思想政治教育大数据方法的发展前景与实际推进情况，辩证认识大数据方法的短期效果与长期布局任务，在现有条件下力所能及地完善思想政治教育大数据方法的实践机制，树立客观的大数据思想政治教育认识观念，合理发挥思想政治教育大数据方法的实际效用。

一、建设思想政治教育大数据方法的基础设施与保障体系

2021年，教育部等六部门颁布《关于推进教育新型基础设施建设构建高质量教育支撑体系的指导意见》，意见指出：到2025年基本形成结构优化、集约高效、安全可靠的教育新型基础设施体系，并通过迭代升级、更新完善和持续建设，实现长期、全面的发展。建设教育专网和"互联网+教育"大平台，为教育高质量发展提供数字底座。[1] 思想政治教育大数据方法正经历着由小规模的局部应用向大规模的一体化开展的升级阶段，要实现这一目的，就必须进行思想政治教育大数据的基础建设与长期布局。

（一）必备基础：优化数据基础设施

《关于推进教育新型基础设施建设构建高质量教育支撑体系的指导意见》指出：未来，各级教育信息平台将通过整合教育行政部门和学校"低小散旧"的数据中心、建设区域和高校超算与人工智能计算平台、推进跨部门跨地域数据流动、建设开放应用接口等方式构建新型数据中心、促进教育数据运用、推动平台开放协同。这需要完善校园智慧化的基础设施、优化教育公共服务体系、完善教育服务监管机制、完善监管评价体系、落实经费保障。目前，我国设立的目标是到2025年"基本形成结构优化、集约高效、安全可靠的教育新型基础设施体系，并通过迭代升级、更新完善和持续建设，实现长期、全面的发展"[2]。可以看出，教育新型基础设施的数据配套建设非一日之功，其中的各项节点均需要统筹推进，逐步完成。此外，教育数据基建需要数目不菲的经费配套，这也与我国的经济社会发展情况密不可分。因此，要充分认识思想政治教育大数据方法所需数据配套优化建设的长期性和艰巨性，不考虑实际数据配套建设情况而片面鼓吹思想政治教育大数据方法的巨大

---

[1][2] 参见《关于推进教育新型基础设施建设构建高质量教育支撑体系的指导意见》，教科信〔2021〕2号文。

功用是"纸上谈兵",违背了实事求是的基本原则,应对此种观点保持充分的警惕。

与思想政治教育大数据方法配套基础设施建设的长期性形成鲜明对比的,是大数据方法在局部、个别、微观场景应用的便利性与成效性。一些高校自主建立了学生综合服务平台采集本校的相关数据,并嵌入了个性化教育、发展性评价、趋势预测、异常预警、信息化日常服务等功能模块,为师生员工的工作学习带来了极大的便利。

认识思想政治教育大数据方法,既要看到其在"小范围"内因智能化、信息化、数据化的优势而体现出来的显著效果,也要充分认识到从"小范围"扩展至"全方位"的艰巨性与长期性,不能因为局部的便利就夸大其作用地位,也不能因为全局工作的困难性就否定其发展趋势。要在利用好大数据方法局部作用的基础上,统筹规划、逐步推进,不断完善相关的基础设施,推进思想政治教育大数据方法实现从"小的大数据"向"真的大数据"迈进。

(二)保障体系:建立数据使用规范

思想政治教育大数据方法应用除了需要完善的数据基础设施外,还需要建立个人信息保护机制、教育应用审核机制、教育大数据平台安全保障机制、信息采集标准等监管措施与规范。上述规范中,教育应用审核机制与教育大数据平台安全保障机制可以随教育数据基础设施的逐步完善而不断发展。但思想政治教育大数据方法局部应用中滥用各类数据、侵害数据主体合法权益的现象已经成为工作中的突出问题:广州某高校辅导员调用校园卡消费记录排查未经请假离校学生引发学生不满并升级为舆情事件、高校学生数据泄露事件频发……

大数据方法展示了在学生日常思想政治教育管理、思想政治理论课教学、思想政治教育工作评价等领域广泛应用的前景,具备促进思想政治教育工作实效提升的实践可能,然而在已经广泛应用大数据技术的商用互联网领域却敲响了数据伦理与数据主体权利保护的警钟。在大数据方法深度介入思想政治教育工作前,依据数据伦理,制定思想政治教育大数据的行为规范是合理应用大数据方法、保障数据主体合法权利的必要前提。应该根据大数据方法在思想政治教育运用中可以预见的伦理风险,并依据国际与我国现行的数据规范,结合思想政治教育工作实际,制定思想政治教育大数据的使用标准。

目前,我国《个人信息保护法》已经开始施行,其中明确规定"个人信息是以电子或者其他方式记录的与已识别或者可识别的自然人有关的各种信息,不包括匿名化处理后的信息",思想政治教育大数据方法应该遵循相关信息保护法律的规定。除《个人信息保护法》外,目前较为权威的大数据使用规范还有全国信息安全标准化技术委员会制定的《信息安全技术个人信息安全规范》、欧盟的《通用数据保护条例》等。针对教育大数据特别是思想政治教育大数据的专门规范仍然较少,英国在《通用数据保护条例》框架下出台了《数据保护:学校工具包》,对教育领域的数据使用进行指导。我国应该在相关法律法规框架下,结合思想政治教育的特殊应用场景,探索思想政治教育大数据广泛应用背景下大数据的安全标准与使用规范。

1. *大数据方法的数据保护难题*

思想政治教育大数据方法的广泛使用,既面临着数据孤岛等执行难题,又面临着大数据侵占人的主体意识等伦理困境。除了技术霸权、数据决定主义等大数据普遍面临的伦理问题，思想品德形成的特殊性还造成了若干特殊的数据保护难题，有必要对其进行梳理与甄别。

首先是思想品德的发展性与大数据的不可遗忘性之间的矛盾。人的思想品德是在社会实践基础上主客体因素相互作用、相互协调的产物，是内在思想矛盾运动转化的结果，具有鲜明的发展性、变动性。思想政治教育活动等外部因素与内在因素的辩证统一使思想品德处在不断发展之中。人的记忆有天然的遗忘功能，而大数据对全时段数据进行记录、分析、存储的技术特征使思想政治教育对象的各类表现均被详细记录，即使经过思想政治教育使教育对象思想政治水平得以发展、提升，曾经的负面记录也始终存在。思想政治水平的发展性与大数据的不可遗忘性的矛盾使得思想政治教育陷入"不可改变的劣迹"的困境之中，这无疑与思想政治教育促进人的自由全面发展的初衷相违背。要充分考量思想政治教育发展性的现实需要与大数据不可遗忘性的技术特征，通过规定数据保存期限、明确呈现范围，依据不同使用目的调取不同类别数据等使用规范来限制大数据技术的负面影响，促进思想政治教育目的达成。

其次是数据需求广泛与数据使用规范缺失的矛盾。以大数据方法实现对思想品德形成规律的探索及个人思想品德行为的预测，需要广泛收集思想政治教育客体在日常学习、生活中的各类线上线下数据。依据《个人信息保护法》，获取个人信息需要符合下列情形之一：取得个人同意；为履行法定职责或者法定义务所必需；依照本法规定在合理的范围内处理个人自行公开或者其他已经合法公开的个人信息；若干法律规定的其他情况。获取思想政治教育客体信息必须取得学生同意或证明是履行法定职责及义务的必须。然而在实际思想政治教育管理实践中，与第一条"取得个人同意"相对应的是，思想政治教育全过程几乎没有获取学生信息授权同意的环节，与第二项"履行法定职责或法定义务所必需"相对应的是自证法定责任及必须的范围和边界的模糊与困难。无论是在法理上证明数据的搜集源于思想政治教育法定责任，还是建立行之有效的信息搜集授权体系，都很难在短时间内取得进展。思想政治教育大数据方法一直面临着广泛的数据需求与数据使用规范性不足之间的矛盾。

最后是大数据的适度开发与思想政治教育实践中的数据冗余间的矛盾。大数据是一个宏观概念，既可以从本书讨论的方法、技术观入手，认为其是一种认识问题、分析问题的方法，也可以从数据集合的视角入手，将其视作海量数据的集合。在思想政治教育实践中，实践目的的差异会导致大数据概念指向不同的涵义。例如要从党和国家思想政治教育政策的确立、变化需求入手，探求全国大学生思想政治教育的规律，就需要收集全国各个层次、地区、类型高校大学生的生活学习及思想政治教育相关数据，将其构成一个巨大的数据集合。而基于某一个个体的日常表现，分析、判断针对其个人的思想政治教育方法及成效、预测其行为，只需要搜集其个人的相关数据。两者数据量有天壤之别。因此，虽然都叫做"大数据"，但不同目的适配的数据量是迥然不同的。然而，在思想政治教育实践中尚未建立有效的分级体系，数据的最低限度使用原则仍未得到较好执行，数据滥用、数据冗余等不当使用现象仍然广泛存在，大数据的资源意识没有全面普及，数据的开发仍然较为粗放。

2. 大数据方法数据规范参照

为了维护数据主体的合法权利，保障数据安全，思想政治教育大数据方法需要在一定的规范管理下运行、实施。目前高校思想政治教育大数据方法的数据伦理规范尚未建立，可以依据《个人信息保护法》及国际上通行的数据使用规范为思想政治教育大数据方法应用提供数据保护规范参考。

首先应遵循合法、合理、正当性原则。《个人信息保护法》规定：任何组织、个人不得侵害自然人的个人信息权利。思想政治教育大数据方法必须在法律的框架下开展师生数据的收集、存储、使用、加工等处理。《个人信息保护法》及《通用数据条例》等现行数据法规均要求数据处理要出于正当、合理目的且与数据处理目的直接相关，即只有在思想政治教育过程中有着明确、清晰、具体的处理目的时，才能有针对性地对相关数据进行处理，否则不能随意收集、处理数据。

其次应遵循最小化原则。相关法律规定明确了大数据方法使用过程中的"数据最小化"原则，即仅限收集实现目的所必须的最小范围的数据，不得随意扩大范围。在思想政治教育数据搜集过程中，应该事先依据思想政治教育的目标明确所需数据，设立采集边界，只采集达成教育目的所需的最小量的数据。

再次应遵循限期储存原则。防止信息泄露的最佳方式是尽可能缩短数据留存时间甚至删除数据，因此思想政治教育应用大数据方法时需要尽可能地缩短个人信息留存的时间。法律规定：个人信息的保存期限应为实现处理目的所需的最短时间。因此，思想政治教育大数据方法应执行限期储存原则，根据不同实现目的所需的时间差异设置储存期限，定期删除，保障数据安全。具体工作中，可以依据学生入学、毕业、毕业后 5 年等主要时间节点审视保存数据的必要性，对不必要的数据进行定期删除。

最后应遵循匿名信息优先原则。《个人信息保护法》规定：个人信息以可以追溯到自然个体为标准，匿名化处理后的信息不属于个人信息保护范围。因此，在思想政治教育大数据方法应用过程中，应根据教育目标，尽可能多地使用匿名信息，不需要精确到自然人的思想政治教育整体决策和思想政治教学课堂反馈应该使用匿名信息。对于可以追溯到自然人的数据收集、处理、储存活动要审慎开展，在达成目的后尽快删除相关数据。

此外，思想政治教育大数据方法还应该遵循不可商用、妥善保管、可问责性等原则，建立严格的数据保护问责制度，使数据保护工作落实到岗、落实到人，一旦出现泄露事件，可以依据严谨的问责制度确保数据主体的合法权益得到充分维护。

3. 根据数据使用规则建立思想政治教育大数据保护制度

完善的制度规范是保障数据主体合法权益落实的重要前提，也是大数据合法合规使用的必要基础。应参照相关信息保护规范，制定思想政治教育大数据的使用规范。

首先，要建立数据分级制度，明确不同级别数据使用的规范与标准。《个人信息保护法》明确规定了合法使用数据的几种情况，思想政治教育主要涉及其中的"取得个人同意"及"履行法定职责或者法定义务所必需"两种情况，应首先根据思想政治教育各个环节需要的数据梳理思想政治教育数据地图，明确需要或将要收集的数据类别，并将数据分级，根据级别明确其合法来源途径，对需要获取数据主体同意的数据履行征求同意环节。

思想政治教育过程中包含了多种数据（见表 5-1），既包括可以识别出数据主体的基本数据、形成性数据,也包括经过匿名化处理后的群体性数据,所有数据均需妥善保存、慎重使用。可以根据数据保护相关规定及可能危害数据主体合法权益的危险系数将思想政治教育数据分为三个级别。在这一前提下,还应根据数据级别有针对性地设立保障制度。一级数据和二级数据是教育者依据"履职必须"原则获得的数据,使用和储存无需获得额外同意。三级数据则需要在数据主体授权同意的前提下使用,在思想政治教育大数据方法的应用过程中,应着重完善此类数据的获取方式,必要时补充授权同意环节,以规避可能产生的法律风险。不定级数据指的是已经经过匿名化处理的数据,由于数据已无法追溯至自然人,不对个人权利构成损害,故可以在思想政治教育实践中充分应用。在思想政治教育实践中,为了保障数据主体的合法权益,应根据数据分级制度,尽可能多地使用不定级数据,少使用易于造成侵权危害的三级数据。应该根据思想政治教育实践活动的发展和变化,定期更新、扩充、完善思想政治教育数据分级表中的内容范围,确保所有思想政治教育相关数据均纳入保护范围。

表5-1 思想政治教育相关数据分级表

数据级别	目标对象	主要来源	主要内容	合法依据
一级数据	个人	基本信息	姓名、性别、学号、家庭住址、家庭成员等基本信息	《个人信息保护法》第十三条第二款"为订立、履行个人作为一方当事人的合同所必需"
二级数据	个人	形成性数据:为了达成思想政治教育目标而实施的各类思想政治教育活动中的形成性数据	思想政治教育理论课分数;消费、门禁等后勤数据;参与各类思想政治教育活动的频率;社会志愿服务次数及相关表现等	《个人信息保护法》第十三条第三款:"为履行法定职责或者法定义务所必需"
三级数据	个人	搜集性数据:超出思想政治教育目标达成、为提升思想政治教育实效需专门进行信息采集的数据	思想政治教育理论课上学生的情绪、专注度、互动率等多模态数据;学生在微博、微信等互联网空间发布的各类言论等	《个人信息保护法》第十三条第一款:"取得个人的同意"
不定级数据	群体	以群体为目标的思想政治教育分析数据或不可定位至个人的匿名化数据,如群众评价意见等	通过相关方法进行了匿名化处理的思想政治教育数据	《个人信息保护法》第四条:个人信息是以电子或者其他方式记录的与已识别或者可识别的自然人有关的各种信息,不包括匿名化处理后的信息

其次，应全面提升思想政治教育参与者的数据保护意识。学校、教师是思想政治教育的施行者，在信息的获取、储存、利用过程中占据优势地位。为防止大数据方法广泛应用过程中对数据主体利益的侵害，要全面提升思想政治教育各方参与者的数据保护意识：对学校来说，应在日常的思想政治教育管理中鲜明地树立数据保护导向，并依据相关规范制定学校层面的信息保护制度，保证思想政治教育大数据方法在合法合规的框架下开展；对辅导员、思想政治理论课教师等思想政治教育工作者而言，应在具体的工作实践中履行数据保护义务和责任，遵循相关规定；对学生而言，应明确数据保护相关权利规定，了解对自身数据的知情权、查阅权、纠正权、删除权等基本权利，当自身合法权益受到侵害时有能力在法律框架下寻求救济和帮助。

最后，要依据思想政治教育的目标建立大数据方法的使用规范与监督机制。思想政治教育任务的执行者不一，其微观目的各异。党和国家教育行政部门的目标是了解全国思想政治教育工作的整体情况，制定导向性、规范性的政策标准；省级教育行政部门、高校党委等主体主要以执行、落实党的思想政治教育方针、政策，推进思想政治教育工作取得实效为目标；辅导员、思想政治理论课教师等则以做好班级或某一群体甚至某一个人的思想政治教育工作，促进学生个人发展为工作目标。因此，在讨论思想政治教育大数据方法的使用规范时，首先应对思想政治教育主体进行细分，再根据其教育目标分别讨论其规范。以高校为例，在设立本校思想政治教育大数据方法的使用规范时，应充分考虑机关行政部门、任课教师、辅导员、院系学生工作领导等不同思想政治教育主体的目标差异和职责分工，梳理全部数据资源，依据正当性、最小化等原则审查全体数据，明确其来源的合法性，建立数据获取授权制度，并根据其利用情况明确储存时长，设立定期删除制度，不断探索思想政治教育工作所需数据的类别和数量。还要明确个人思想政治数据的调取权限，必要情况下可以设立数据监察委员会，以便检查数据保护的落实情况，保障师生的合法数据权利。

二、完善思想政治教育大数据方法的实践应用机制

思想政治教育大数据方法是大量思想政治教育数据的集合，是一种基于数据的认知方式，是一种以数据分析结果为参考开展工作的实践方法，是致力于解决思想政治教育难点、提升思想政治教育成效的重要路径。充分发挥大数据方法在思想政治教育实践中的作用，要在明确其现有应用及掣肘的基础上，针对现存困难问题逐一剖析，明确切实可行的具体发展路径。

（一）以大数据方法促进思想政治教育评价革新

教育评价是对教育活动满足社会与个体需要的程度作出判断的行动，是对教育活动已经实现的或潜在的价值作出判断，以期达到教育价值增值的过程。[①] 评价是实践的指挥

[①] 陈玉琨. 教育评价学[M]. 北京：人民教育出版社，1999：7.

棒，科学的思想政治教育评价对促进新时代思想政治教育质量提升、深化思想政治教育工作革新、增进思想政治教育实效具有重要意义。思想政治教育评价具有导向、检查、诊断、择优、激励的重要功能，大数据方法的应用是促进思想政治教育评价体系不断健全、科学性不断提升的重要契机。依据评价对象的不同，思想政治教育评价可以分为教学评价、课程评价、教师评价、学生评价、品德评价等多种类别。此处仅就学生评价与教师评价为例，讨论与大数据方法相匹配的思想政治教育评价体系革新。

1. 以大数据方法促进思想政治教育学生评价的科学性增强

思想政治教育的目的是通过思想政治教育活动，使受教育者的思想和行为方面达到所期望的成果。① 我国高校思想政治教育的目标是"培养德智体美劳全面发展的社会主义建设者和接班人，着力培养担当民族复兴大任的时代新人"，即通过思想政治教育活动，使受教育者具备上述品质。学生思想品德水平评价是对思想政治教育目的达成情况的重要反映，是评价思想政治教育工作水平的重要组成部分，也是促进学生成长成才、教师不断改进教学及工作方法的重要参考，能有效地推进思想政治教育工作质量的提升。

（1）以大数据方法促进思想政治教育学生评价体系的完善

目前，高校思想政治教育活动已经采取了较为多样的学生评价方法，如各类奖学金申请过程中的学生自评、教师评价、院系评价，思想政治教育必修课程中的考试评价，针对学生日常学习生活而形成的表现性评价等，但同时也存在着若干问题。首先是学生思想政治水平评价缺乏明确的评价内容及评价标准，在学年评优、奖学金评选等评比中，思想政治素质分数主观性较强，甚至有些思想政治教育工作者为了避免纠纷，将所有学生的思想政治素质分数都列为同一分数。其次是评价方法仍不完善，忽略了学生评价中的形成性评价、增值性评价等多元评价方法，未能吸收家长、社区、导师等多方的评价意见。再次是学生思想政治水平相关资料收集严重不足。学生的思想政治水平包含了世界观、政治观、人生观、法治观、道德观、劳动观等多种因素，与学生日常学习生活中的各类表现密切相关，但与学科教学可以通过作业评价、考试评价、课堂表现评价等方式对学生进行评价不同，思想政治水平的相关资料被严重忽略。一般来讲，学生思想政治水平评价资料应该包含学生思想政治相关活动的考试成绩、论文成果、调研报告、活动表现记录等原始素材，还要包含辅导员、教师、同学等给出的评语、意见、等级等相关信息。目前学生思想政治水平的评价资料收集的范围和标准仍不明确，什么样的资料需要收集、收集途径和分析方法亟待确定。最后是学生评价结果的利用仍不充分。学生思想品德评价的目的在于明确学生思想水平发展的要点及不足并督促学生不断改进，只有在实践中切实地将评价结果运用起来，才能充分发挥评价的指挥棒作用，激发学生改进的动力。目前，学生思想政治水平评价在许多场合都有应用，如用人单位政审、学年评优思想政治水平鉴定等，但由于评价标准、评价工具尚不完善，评价结果有简单化、趋同化现象，指挥棒作用发挥得仍不明显。

学生思想政治教育评价体系不完善，很大原因在于一直以来学界和业界对思想政治水

---

① 陈万柏，张耀灿. 思想政治教育学原理[M]. 北京：高等教育出版社，2015：78.

平能否被测量存在争议。针对难测性概念的量化与评价问题，有一些学者提出了考察与评价的公式，国际关系学家克莱因就"综合国力"这一概念提出了综合实力计算方程，即克莱因公式：$P_P = (C + E + M) \times (S + W)$，其中$C$、$E$、$M$、$S$、$W$分别代表基本实体、经济实力、军事实力、精神力量、追求国家战略的意志。其具体的使用方法为将最高值或美国值设定为标准分，其他国家按与标准国的比例计分，其中C、E、M三项采用客观计分，S、W两项采用专家打分，进而获得综合国力总分。[①] 尽管克莱因公式因其目的的片面性，忽略了科技因素，未充分考虑时间发展等不足而受到诟病，但该公式兼顾了量化因素与非量化因素，充分考虑了精神动力因素，为量化评价综合国力等复杂性概念提供了有益参考。

在克莱因公式的启发下，结合思想政治教育实践可以发现：思想政治水平是内在品德与外在行为的统一，可以通过测量外显行为对学生的思想政治水平进行评价。大数据方法的应用为思想政治教育学生评价机制提供了便捷的技术解决方案：通过完善的数据采集、分析系统，可以高效地采集学生多模态的各类数据并进行深入分析，从数据的变量及变化趋势可以得出学生在思想政治品德发展中的过程性、表现性评价。量化数据与质性考评相结合的方式可以规避传统总结性评价的不科学导向，为学生的思想政治评价提供更科学的方式。以大数据方法为契机，建立以德智体美劳为基本指标的思想政治教育评价体系是大数据方法推进思想政治教育工作质量提升和实效增进的重要路径。

（2）以思想政治教育大数据方法开展学生评价的原则

传统思想政治教育学生评价以感性评价为主、缺乏量化评价指标，与之相比，大数据方法以量化的实证为依据，可以对学生的思想品德发展情况进行客观、全面的评价。以大数据方法评价学生的思想政治水平时应遵循以下原则。

首先要坚持量化评价与质性评价相结合的原则。大数据方法是以量化与质化结合的形式对学生思想品德发展进行全方位、全过程评价的综合性方法，但其诞生之初即伴随着"数据万能论"的迷思。一些观点过分看中量化数据在思想政治教育中的作用，主张一切用数据说话、一切从数据出发，忽视了思想政治教育活动中人的主观能动性，否定了思想政治教育过程中人的主体性。这样的看法与思想政治教育立德树人的核心目标背道而驰。在利用大数据方法开展思想政治教育活动时要注意规避"唯数据论"的错误观点，坚持数据的理性与人文的质性相结合，注重从数据的规律中挖掘学生思想品德的根本特点与发展趋势，尊重个体间的差别，坚持大数据方法是思想政治教育立德树人目标实现的途径之一的方法观，杜绝数据反客为主不当现象的发生。

其次要坚持绝对数值与增长数值相统一的原则。绝对数值指的是利用大数据方法对照思想政治评价体系中的各项指标后得出的绝对数值，一般是分数或等级形式。增长数值指的是以学生个人的思想品德发展变化为依据，追踪学生本人在一段时间内的思想政治水平的提升和进步。增长数值以学生本人为参照，注重考察学生个人的发展和成长，避免了传统评价方法可能由于学生所处的客观环境差异而造成的思想政治水平差别。利用大数据方法开展学生评价时要注意考虑思想品德的动态性和发展性，坚持绝对数值和增长数值相结

---

①张继鹏，刘德鑫，张家来，等．关于综合国力评价克莱因理论模型的缺陷性分析[J]．当代经济科学，2006（01）：69-74，126-127．

合的原则,扩大评价维度,提升评价科学性。

最后,要坚持宏观导向与微观操作相协调的原则。评价具有指挥棒的导向作用,是学生思想品德发展的鲜明导向。学生思想品德评价要体现党和国家对思想政治工作"以立德树人为根本、以理想信念教育为核心、着力培养德智体美劳全面发展的社会主义建设者和接班人,着力培养担当民族复兴大任的时代新人"的宏观导向,也要考虑到宏观导向与实际操作的有机衔接、相互协调,将内在的思想政治水平与外化的日常学习生活水平相联系,使宏观导向在具体的实践执行中得以落实。

(3)探索建立以量化实证为基础的学生思想政治水平评价框架

大数据作为开展学生思想政治水平评价的手段和方法,是实现思想政治教育目标的路径和措施,需要通过导向明确、方向合理的评价体系发挥作用。因此,制定科学有效的思想政治教育评价体系是大数据方法行之有效的必然前提。随着《深化新时代教育评价改革总体方案》的印发,各高校纷纷修订《学生综合素质评价办法》以将方案精神落到实处,其主要导向具有"改进结果评价、强化过程评价、探索增值评价、健全综合评价。坚持德育导向与多元评价相结合"的共性。但是,上述评价方式的改革主要体现在对学业成绩、体育素养、劳动素养等方面的评价革新,大学生思想品德评价的难题仍然没有得到较好解决。针对这一问题,本书尝试在大数据理念指导下,结合大学生日常学习生活中的主要活动,提出以量化实证为基础的学生评价框架。

评价框架主要采用从整体到部分逐步分解的思路,根据《中国普通高等学校德育大纲(试行)》[①]对学生思想品德教育的要求,结合十八大以来党和国家相关文件对思想政治教育目标的阐述以及大学生日常学习生活,利用大数据方法的特点和优势,参照已有的中小学不同学段的品德评价指标体系,分别设置一级评价指标、二级评价指标及主要观测点,构建起大数据方法下高校学生思想政治水平评价的基本框架(表5-2)。

表5-2 大数据方法下高校学生思想政治水平评价体系

一级指标	二级指标	大数据方法观测点
政治思想	1. 有民族自尊心、自豪感,坚定理想信念,把个人理想追求融入党和国家事业之中,为实现中华民族伟大复兴的中国梦贡献青春力量。 2. 拥护中国共产党的领导,坚定走中国特色社会主义道路。 3. 认真学习马克思列宁主义、毛泽东思想、邓小平理论、"三个代表"重要思想、科学发展观、习近平新时代中国特色社会主义思想,践行社会主义核心价值观	1. 积极参与各类思想政治教育活动,如主题班会、组织生活会、团日活动、党史学习等,参与次数达到学校最低要求; 2. 在班级或学校组织的相关理论测评如党课结业考试中,成绩合格; 3. 在生活和学习中践行社会主义核心价值观,没有在线下或线上发表不恰当言论的记录

---

① 中国普通高等学校德育大纲[J]. 中国高等教育,1996(02):4-7.

续上表

一级指标	二级指标	大数据方法观测点
理想信念	1. 能运用辩证唯物主义和历史唯物主义的立场、观点、方法，分析现实社会生活中的政治、经济、文化、道德现象，识别各种社会思潮，正确认识人类社会历史发展客观规律，自觉抵制历史虚无主义等不良思潮。 2. 树立以社会主义、集体主义为核心的人生观和价值观。努力为人民服务，发扬对国家和人民的奉献精神，顾全大局，正确处理国家、集体、个人之间的利益关系；反对拜金主义、享乐主义和极端个人主义	1. 积极参与学校组织的各类集体活动，参与次数达到平均水平； 2. 在个人自传、学期总结等阶段性文字材料中展示出积极乐观的人生观及价值观，情感分析正向； 3. 有参与社会志愿服务、响应国家号召等相关活动的记录
行为规范	1. 树立社会主义民主法制观念。自觉维护和遵守中华人民共和国宪法和法律；正确行使法律所赋予的民主权利，自觉履行法律所规定的义务，知法、守法、用法，维护学校和社会稳定。 2. 遵守学校各类规章制度，无触犯法律及校纪校规的行为。 3. 树立正确的学习目的，努力攀登科学文化高峰。 4. 养成良好的学习习惯，积极主动、刻苦钻研、勇于探索，具备一定的科学素养和自主学习能力，能运用科学思维和创新思维解决学习问题和实践问题	1. 无缺课、迟到、旷课记录，无违反其他校纪校规记录； 2. 积极主动完成课上课下学习任务，积极参与小组讨论及师生互动，课堂专注度高； 3. 认真完成各类学习任务，在学习中能取得个人成长和进步； 4. 乐于参与社会调研、科技创新等活动，能主动参与到教师的科研团队并取得论文、专利等形式的成果； 5. 有主持、参与各类科技创新竞赛、科研项目的经历
道德情操	1. 养成高尚的社会主义道德品质和文明行为习惯。努力做到：诚实守信、勤劳敬业、谦虚谨慎、言行一致、乐于助人、见义勇为、尊敬师长、礼貌待人、朴素大方、廉洁奉公、尊重他人劳动、爱护公共财物、维护公共秩序、抵制不良社会风气。 2. 具备健康、高雅的审美情趣和正确的审美观点，努力培养辨别美、丑的能力，自觉创造美的生活。 3. 具备良好的个性心理品质和自尊、自爱、自律、自强的优良品格，具有较强的心理调适能力	1. 在教师评价、舍友评价、同学评价、家长评价中反馈良好，展示出品学兼优的新时代大学生风貌； 2. 能在生活和实践中参与力所能及的劳动实践，有三下乡暑期社会实践、社会劳动、家教等经历； 3. 有积极担任学生干部的经历，乐于为集体服务； 4. 情趣高雅，没有无底线追星等不良粉丝行为； 5. 生活作息正常，每周能参与体育运动至少三次，没有熬夜、晚起、沉迷游戏等不良生活习惯； 6. 在互联网空间行为举止文明，理性发言，无参与网络暴力、传播网络谣言等不恰当行为； 7. 有一定的心理承压和自我调适能力，心理状态阳光向上，没有长时间处于抑郁情绪的现象，心理筛查未见异常

特别要说明的是，学生思想政治素养的形成具有长期性和发展性，以大数据方法获取的某一时间点的思想政治教育评价数据很难真实地反映学生思想政治素养的发展和变化。因此，使用大数据方法进行思想政治评价不能一劳永逸，要定期开展，一般以一个学期为宜。此外，除了利用智能硬件无感式搜集数据外，还应该充分利用教师评价、舍友评价、同学评价、家长评价、雇主评价等多元的质性评价手段，弥补数据的机械性不足，使学生思想政治素养评价更为准确。

2. 以大数据方法促进思想政治教育辅导员评价的日趋完善

辅导员评价是依据一定的评价标准和程序，对辅导员个人及其工作进行价值判断的过程，是教师评价的一种。有效的教师评价包含三个要素：恰当的评价目的、健全的评价标准、合理的评价方法与策略。① 由于思想政治教育工作的内在性、长期性，加之评价方法受限，一直以来学界和业界尚未形成成熟有效的辅导员评价体系。大数据方法的应用可以搜集学校思想政治教育各个流程、各个环节、各个时段的数据，破解了思想政治教育辅导员评价的素材不足难题。可以借助大数据方法尽快建立科学合理的评价体系，以促进思想政治教育辅导员评价工作不断完善。

(1) 大数据方法开展辅导员评价的必要性

依据教育评价学的观点，开展教师评价的目的可以归纳为形成性目的和总结性目的两种。形成性评价强调专业发展，主要是为了协助教师了解自身教学优劣，引导教师改进教学，进而改进学生学习，提升教育效能；总结性评价以绩效考核与评价优劣为主要目的，仅将评价的结果向评价对象予以反馈，绝大多数被评价者难以在评价结果中获取改进的方向和措施。目前，部分高校对辅导员开展的包含个人自评、同行互评、学生评价及领导评价在内的绩效考核就是典型的总结性评价。仅向被评价者反馈评价结果而不指出具体工作的意见建议，无法有效帮助被评价者改进工作、提升效能。而开展思想政治教育辅导员评价的目的不在于评价优劣，在于促进辅导员职业化、专业化、专家化发展和成长，提升辅导员工作成效。因此，有必要以大数据方法促进辅导员评价由总结性评价向形成性评价转变，以促进思想政治教育工作者的工作发展与进步，激活辅导员生涯发展的内驱力。

(2) 以思想政治教育大数据方法开展辅导员评价的原则

除了要防止数据霸权主义等风险外，以思想政治教育大数据方法开展辅导员评价还应遵循以下原则：

首先要以改善工作、激发动力、促进发展为主要原则。目前高校开展辅导员评价以"德能勤绩廉"五个方面的等次评价为主，其主要目的是绩效考核与评优评先，其结果具有较强的区分度，如果结果运用不够科学，容易引起评价对象的抵触和反感。因此，在以大数据方法开展辅导员评价时，首先应秉承改善工作、激发动力、促进发展的主要原则，避免简单地依据数据来区分辅导员工作的优劣，应以促进工作、提升思想政治教育工作实效为主要目的，挖掘出数据背后的前进方向与行动建议，促进辅导员工作的改进与发展。

其次，要以量化指标和质性指标相结合为原则。思想政治教育工作涉及的范围很广，工作方法多样、工作要求复杂，不同考核内容的考核标准不能完全趋同。以常见的"德能

---

①胡中锋.教育评价学[M].北京：中国人民大学出版社，2013：180.

勤绩廉"考评框架为例，单纯用量化的方法很难准确得到"德"的数据，应采用质性的方法如访谈等多种方法充分掌握情况，这样才能针对不同评价指标得出科学的评价结果。

最后，要坚持民主化的原则。评价应在平等、友好的氛围中开展，不能简单地将评价数据作为区分优劣、考虑奖罚的唯一参考手段。辅导员评价如若实施不当，很容易引起学校行政部门与一线思想政治教育辅导员间的矛盾以及辅导员内部的分歧与争执，这样就极大地背离了促进思想政治教育工作效能提升、促进辅导员工作发展的评价初衷。因此，要始终坚持民主化原则，充分协调评价主体与评价对象、评价对象内部等关系，促进评价目标有效达成。

（3）构建量化方法与质性方法相结合的大数据辅导员评价体系

谈及思想政治教育大数据方法，一些观点简单地将其与量化方法相等同，认为大数据方法就是以实证为主的量化方法，忽视了质性研究在大数据方法中的作用。其实，文本分析、情感分析等质性方法均是大数据方法中的重要组成部分，为大数据的构成提供了重要数据资料。与学生思想政治水平评价相比，辅导员的工作风格、工作态度、工作方法等难以用量化测量方法准确评价，但用访谈等质性方法则可以获取有效的评价数据。因此，在以大数据方法开展辅导员评价时，应充分把握辅导员评价的特殊性，建立量化方法与质性方法相结合的科学评价体系（表5-3）。

表5-3 大数据方法下高校思想政治教育辅导员评价体系

一级指标	二级指标	大数据方法观测点
品德与信念	1. 政治立场坚定，拥护中国共产党的领导、拥护党的路线方针政策。 2. 理论水平高，认真学习马克思列宁主义、毛泽东思想、邓小平理论、"三个代表"重要思想、科学发展观、习近平新时代中国特色社会主义思想，践行社会主义核心价值观。 3. 爱国守法、品行端正、作风正派，自觉践行社会主义核心价值观，无损害国家、社会利益和违反社会公德行为	1. 积极参与党史学习等各类思想政治教育和国防安全教育、保密教育、反腐倡廉教育等主题教育活动，参与次数达到学校要求，测试成绩合格（如有）； 2. 在工作、教学中能积极宣传党的方针政策，在网络空间及现实空间没有不当言论及不当行为的记录； 3. 注重在线上和线下传播社会主义核心价值观和正能量，在网络思政空间、朋友圈、微博等互联网空间的情感分析正向积极； 4. 在包含学生评议、同行评议等群体调研中口碑良好，访谈记录经文本分析后以正面关键词为主
能力与素养	1. 思想理论教育和价值引领工作落实到位。 2. 学生日常管理服务工作主动尽责。 3. 辅导员专业素养能力合格，具备思想政治教育、心理健康教育、就业指导教育等领域的工作能力与方法	1. 按照学校要求完成规定的思想政治教育课程或活动，并能提供写实性的记录或证明； 2. 在包含学生测评、同行测评、领导测评等民主测评中反馈良好，访谈记录经文本分析后以正向词语占绝大多数； 3. 认真履行思想政治教育、资助、就业、心理健康、学业跟踪等情况的跟进服务，做到相关情况数据齐全； 4. 具备以多种方法开展思想政治教育的能力，重视网络思想政治教育，网络思想政治教育作品反馈佳，访问量、阅读量、点赞数较高

续上表

一级指标	二级指标	大数据方法观测点
成果与业绩	1. 所带学生思想政治表现好，拥护党的领导，在各类思想政治教育活动中表现良好。 2. 所带支部发展党员、团员工作规范。 3. 所带学生学风建设成效突出，乐于参与科技创新实践，各类科技创新获奖成果突出。 4. 个人在辅导员专业化、职业化、专家化发展中获得表彰或成果	1. 遵守劳动纪律，工作态度热情饱满，学生访谈数据良好； 2. 所带学生思想政治表现突出，在各类集体活动中参与度高，获得奖项的数量、级别达到学院同年级近三年平均水平； 3. 工作对接部门访谈调研反馈良好； 4. 所带学生成果数据达标，获奖等级及数量达到学院同年级近三年平均水平； 5. 积极参与思想政治教育课题研究，发表思想政治教育研究相关论文，撰写工作案例； 6. 因工作表现突出获得各类奖项荣誉； 7. 无各类安全责任事故或意识形态事故发生
敬业与奉献	1. 热爱辅导员工作，落实立德树人根本任务，工作有担当。 2. 作风正派、乐于奉献，甘当大学生成长成才的知心人和引路人	1. 学生访谈评价好，有因辅导员工作促进学生正向发展的案例； 2. 同行评议、同事评议、领导评议结果优良，在群众中口碑良好
廉洁与规范	1. 遵守政治规矩，工作生活中没有损害党中央权威的言论与行为。 2. 遵守高校教师职业行为准则，没有违反师德行为。 3. 遵守廉洁自律规定	无相关信访或举报案件记录

可以看出，以大数据方法开展思想政治教育辅导员评价，不仅运用了较多的量化数据，如开展思想政治教育活动的次数、获得相关奖项及表彰的成果数量等，还充分利用了访谈、调研等质性的研究方法，以评价工作态度、奉献精神等量化方法难以说明的项目。与传统的打分评价等纯量化评价方法相比，量化方法与质性方法相结合能巧妙地解决奉献精神、工作态度等指标难以用数字量化的问题，在调研评价对象的工作态度、工作作风上取得了一定突破，极大地提升了质性资料分析的准确性与科学性，可以作为大数据方法促进思想政治教育辅导员评价的有益探索与发展方向。

（二）以大学工模式助力算法育人体系完善

党的十八大以来，党和国家对思想政治教育工作高度重视，结合思想政治教育实际提出了新要求、新方向，指出学校层面要以《高校思想政治工作质量提升工程实施纲要》所涵盖的"十大育人体系"为基础，系统梳理、归纳各个岗位的育人元素，推动全体教职员工把工作的重音和目标落在育人成效上，切实打通"三全育人"的最后一公里，形成可转化、可推广的一体化育人制度和模式。① 新时代思想政治教育工作呈现出讲求实效、整体协同、

---

① 参见《高校思想政治工作质量提升工程实施纲要》，教党〔2017〕62号文。

创新方法的一体化育人导向。利用大数据方法将有效提升思想政治教育的科学性、实效性、针对性。但作为一种技术，大数据方法也面临着算法危机、不恰当诱导等潜在风险，要以大数据为契机建立"大学工"趋势下的"一体化的学生发展中心"，以一体化的统筹规避算法风险，构建新时代算法育人、技术育人的思想政治教育体系。

1. 以大数据方法驱动"一体化的学生发展中心"的业务体系革新

传统的高校行政机制以业务范围为区隔，学工、教务、科研、后勤等功能相互分离，育人实践遇到了业务交叉、职责不清等问题，不再能满足新时代思想政治教育工作的需求。为了顺应时代要求，目前，已有不少高校打破了校内行政部门间原有的壁垒，试行一站式服务大厅，整合学工、奖助、就业、教务、后勤、武装等部门职能，让学生在同一地点可以一站式完成所有学生相关业务，一体化育人体系初具雏形。但究其本质，一站式服务大厅仅是业务层面的融通，与以学生发展为核心的全员、全方位、全过程的一体化育人机制仍有一定差距。思想政治教育大数据方法的应用需要原本相对分离的各业务部门间实现数据共享和流程融通。应该以大数据方法的数据共享需求为契机，顺应大数据育人的一体化要求，打造以促进学生全方面发展为目标、以学生需要为主体的学生发展中心，以更好地构筑新时代的育人格局。

表5-4呈现了大数据方法下学生发展中心的基本架构。原本由辅导员、思想政治理论课教师、专任教师、职能管理人员、后勤保障人员承担的育人职责改由学生发展中心一体化统筹，这样的架构体现了以学生为中心的教育理念，便于打破原有各部门间的数据障碍，充分满足大数据方法应用下对各类数据的全面采集需要，是一种较为理想的育人体系。但也要指出，高校业务牵一发而动全身，机制体制改革需要强大的动力、高效的执行力与完善的政策保障，"一体化学生发展中心"的成立非一朝一夕可以实现，它对高校行政管理能力提出了较大考验，其建设非一日之功。

表5-4 大数据方法下学生发展中心架构表

		发展需求	原属部门	育人路径	大数据方法应用
学生发展中心	辅导员 思想政治理论课教师 专任教师 职能管理人员 后勤保障人员 ……	思想品德	学工部、校团委、组织部、马克思主义学院	实践育人 网络育人 文化育人 组织育人	根据德育评价、学业评价等数据，利用大数据方法推演出与正向行为高度相关的活动类型、内容、形式，根据思想政治教育工作规定及要求，有针对性地开展相关活动，并实时收集出勤、表现、评价等相关数据

续上表

		发展需求	原属部门	育人路径	大数据方法应用
学生发展中心	辅导员 思想政治理论课教师 专任教师 职能管理人员 后勤保障人员 ……	学习发展	教务处、各学院	课程育人 科研育人	1. 结合职业目标、心理健康、学业评价、德育评价等相关数据，每学期自动生成个人学业分析报告、学业与职业发展匹配报告等；结合将个人成长融入时代发展等引领目标，生成学业规划建议。 2. 结合学科、专业特色及地区产业发展情况，根据学生个人能力及意愿，提供科研项目选修建议，培育学生课外科技创新能力。 3. 根据学业要求设置学业预警机制，针对收到学业预警的学生提供教师、朋辈帮扶等帮助措施
		求职就业	就业指导中心	服务育人	利用大数据方法充分收集学生求职、升学等生涯愿景，并结合专业、产业背景为学生提供个性化的职业生涯指导
		心理健康	心理咨询中心	心理育人	利用大数据方法收集学生在心理测评、日常生活、消费、学业等环节的数据，建立预警机制，及时对异动情况进行预警并转介辅导员等跟进
		生活服务	后勤处、资产处	管理育人 服务育人	无感式收集学生日常学业生活中的各类后勤、门禁等数据，支持学生学业、思想品德、生涯发展等目标的实现
		发展追踪	校友办	服务育人 资助育人	对学生毕业后的职业发展、社会服务情况定期跟踪采集，为达成培养目标、有针对性地调整育人方案提供强有力的数据支撑

2. 以一体式的统筹机制规避大数据方法算法风险

思想政治教育工作既包含了以高校辅导员、思想政治理论课教师为教育者、以青年大学生为教育对象、以思政课、各类思想政治教育活动为介体的狭义思想政治教育，也包含了大众媒体、社区文化、舆论宣传等广义思想政治教育。有研究显示，在一些社会宣传中已经出现了基于大数据与人工智能技术的机器人动员：全球有超过81个国家在社交媒体上进行"计算宣传"以及传播政治错误信息；2016年美国大选期间，推特上有60%的在线流量由机器人产生，对社交媒体上的议题参与和舆论走向产生了影响。[1] 在这些案例中，机器人得益于大数据与人工智能技术的加持，取代人类成为思想政治教育的主体。那么，思想政治教育大数据方法的边界是什么？是否可以利用大数据及人工智能技术以机器人为主体开展思想政治教育？谁来决定思想政治教育的主题？

一体化的学生发展中心有助于通过整体规划的算法尽可能地规避数据的越位问题，确保大数据算法仅作为一种教育方法而非教育主体始终贯彻立德树人根本任务。一体化的学生发展中心有助于实现对思想政治教育大数据方法的统一规划、统一部署、统一落实，以完善的执行—监督机制保障思想政治教育大数据方法能够践行思想政治教育价值导向，避免不恰当算法的价值黑箱。

一体化思想政治教育机制的第一重内涵是业务一体化，即构建"大学工"，对所有思想政治教育相关部门作统一整合。

思想政治教育信息生成阶段，一体化的思想政治教育机制有助于破解大数据方法的数据闭环，合理调适思想政治教育目标。思想政治教育大数据方法通过对大量的用户生活、学习、实践数据进行机器学习、分析并根据相关关系对其趋势进行研判。机器学习只能依据学生思想政治水平的现状进行分析计算，在没有外在因素干预介入的情况下，大数据只是对学生思想政治习惯的重复。然而，思想政治教育目标与受教育者思想品德发展之间保持适度张力是思想政治教育的基本规律之一，完全依赖大数据方法的思想政治教育缺失了价值引领过程，不符合思想政治教育的基本规律。一体化的思想政治教育机制从德育、智育、后勤服务、日常行为规范等方面科学设置一体化的思想政治教育目标，能系统地根据学生多方位全面发展提出适度目标，结合学生行为数据生成具有价值导向的思想政治教育信息，从而调适学生的日常行为数据与思想政治教育目标，使两者之间保持适度张力，有效促进思想政治教育目标达成。

思想政治教育数据计算阶段，一体化的思想政治教育机制有助于全面评价教育对象，避免算法偏见及刻板印象。教育评价改革要求改变过往评价体系中唯分数论等不科学评价机制，培养德智体美劳全面发展的社会主义建设者和接班人。全面发展的育人目标依赖于一体化的数据共享与数据计算，单纯一个维度的数据将导致刻板印象等数据偏见，一旦学生被数据贴上"差生"等标签，就很难从其他维度的数据得到弥补，面部识别软件只能识别白色人种面孔而将黑色人种识别为猩猩就是算法偏见的其中一种具体体现。一体化的思想政治教育机制与多元的评价体系相配套，使学生在某一板块的短板可以利用其他板块来补

---

[1] 陈昌凤，袁雨晴．社交机器人的"计算宣传"特征和模式研究：以中国新冠疫苗的议题参与为例[J]．新闻与写作，2021，(11)：77-88．

足。除了利用多元评价体系弥补单一评价的偏见,还应配备人工价值引领与数据审查环节,对思想政治教育数据算法的正当性进行审核与把控,防止不恰当算法对思想政治教育主流价值的歪曲和抵消。

思想政治教育信息分发阶段,一体化的思想政治教育机制有助于改善"数据茧房"现象,以积极价值导向助力思想政治教育信息的传递。思想政治教育大数据方法具有鲜明的个体性,能根据个人行为习惯及特征推送思想政治教育信息,然而数据的精准投递也容易造成接收信息高度同质化的信息茧房现象。各自为战的育人体系一般不会考虑职责之外的育人使命,这加剧了单一领域、单一信息的信息重复。一体化的思想政治教育机制可以从学生的各方面需求出发,有机协调各条思想政治教育路径的信息传递,以思想政治教育的主体性对数据决策进行有效协调,形成人机互动、德智体美劳协调发展的有组织、有目的的思想政治教育活动,有效地形成目标明确、主体清晰的育人合力,避免形成思想政治教育的数据茧房。

思想政治教育一体化机制的第二重内涵是人机一体化。商业及政治宣传领域已有大量基于大数据与人工智能技术、以机器人开展宣传活动的实例,机器人成为引导舆论、操纵公众的一种全新手段。思想政治教育大数据方法是适应新时代技术发展,革新思想政治教育手段,讲求教育实效的探索与尝试。然而,当大数据技术高度智能,插上了机器学习与人工智能的翅膀,思想政治教育是否可以参照推特等互联网的商业运营模式,利用大数据与人工智能实现全自动操作?根据上文提到的数据偏见、信息茧房等不良后果,显然,让具备鲜明价值导向功能的思想政治教育完全依附于机器计算尚不现实,数据在价值引领、人文关怀、综合判断等方面仍然与人类思想政治教育者有巨大差距。面对这一困境,有研究提出了"算法道德",即通过编程将人类道德分解为可以计算的程序,使大数据等计算机技术具备纠正算法偏见能力并具备道德判断能力。① 然而,使大数据等机器具备道德判断与选择能力甚至思想政治教育价值引领能力等仍然处在理论设想之中,学界和业界对新技术的伦理限制仍然没有较好的规避方法。在这样的情况下,应充分把握大数据的"工具"和"方法"内涵,将其作为针对大量数据进行计算、分析的辅助工具。人类教育者是价值引领的主体,要形成人为主导、人机结合的一体化思想政治教育模式,保障思想政治教育过程中教育主体的价值引领作用,促进思想政治教育目标实效性的达成。

3. 以立德树人为根本目的建立大数据算法育人机制

为了规范互联网信息服务算法推荐技术,弘扬社会主义核心价值观,国家互联网信息办公室于2021年出台了《互联网信息服务算法推荐管理规定》(以下简称《规定》)。《规定》明确了大数据算法具有价值导向的重要功能——"算法推荐服务提供者应坚持主流价值导向,优化算法推荐服务机制,积极传播正能量,促进算法应用向上向善",鼓励各相关行业加强行业自律,根据实际情况健全行业自身标准与规范,促进算法技术更好地为社会服务。《规定》从信息服务规范、用户权益保护、监督管理等方面规定了互联网信息算法的基本规范:算法技术应该弘扬正能量、传播社会主义核心价值观,应落实算法主体责任,定

---

① 林凡,林爱珺. 打开算法黑箱:建构"人—机协同"的新闻伦理机制:基于行动者网络理论的研究[J]. 当代传播,2022(01):51-55.

期审核、公示算法，不得设置诱导用户沉迷、过度消费等违背伦理的算法，并设置了事先告知、一键拒绝等用户权益保护机制，相关措施由网信部门会同电信、公安、市场监管等有关部门进行监督。

《互联网信息服务算法推荐管理规定》为思想政治教育大数据算法治理机制提供了有效借鉴。思想政治教育大数据方法以算法为根本运行逻辑，需要统筹不同层次、分工、职能的大数据算法逻辑，根据功能需要明确思想政治教育大数据算法的导向与规范，设立思想政治教育大数据算法的监督与审核机制，确保大数据方法的价值导向，保障大数据方法使用中立德树人目标的实现。

首先，应根据大数据算法的应用类别、用户规模、数据重要程度、实践应用情况等制定算法分级制度。考虑到思想政治教育大数据算法具有导向性、协调性、稳定性特征，需要一定的技术支持与人员保障，因此，以省级教育行政部门明确思想政治教育大数据方法的算法推荐机制及展示规则为宜。高校、院系、思政课教师、辅导员等基层教育单位或个人则根据既定算法实施具体思想政治教育实践。

其次，应制定恰当的公示、审核制度，对思想政治教育大数据方法运用过程中的各类算法推荐机制进行定期审核。一是要审核算法的导向性，明确既有算法是否落实弘扬正能量、扩大正向舆论的整体要求。二是要审核算法的实效性，明确算法与思想政治教育实效是否具有明确的正向相关关系并不断优化算法。三是要审核算法的用户权益保护机制，确保算法执行了事先告知、一键拒绝、数据保护等权益保护行为，对于用户权益保护机制不完善的算法提供者，及时要求其进行整改。

总的来说，大数据方法是一种技术工具，以什么样的价值导向使用这一工具就产生什么样的价值引领结果。互联网大数据商业实践已经充分证明了大数据技术和算法的工具性以及对其进行价值导向的必要性。未经恰当引领的大数据算法将助推资本的逐利本质，导致用户沉迷、过度消费和信息茧房等主体性丧失的不良后果，一旦在思想政治教育实践中丧失了大数据方法的算法主导权力，或由西方等敌对势力以各种方式对思想政治教育大数据算法进行渗透和歪曲，将对我国意识形态安全产生巨大威胁。必须充分意识到大数据算法在意识形态安全领域的重要地位，抓牢大数据算法先行发展与思想政治教育管理之间的时间差，前瞻性布局大数据方法中的算法育人机制，构建中央引领—地方细化—基层落实—全程监督的四级算法育人体系；明确思想政治教育大数据方法中算法育人的重要作用，以算法治理为先导构建互联网时代思想政治教育转型与治理能力提升的新时代路径，为大数据时代思想政治教育方法更新、实效提升提供坚实保障。

三、形成思想政治教育大数据方法的科学评价视角

现有研究成果中，学界和业界普遍对思想政治教育大数据方法持积极肯定态度，认为大数据方法的应用将变革思想政治教育机制、提高思想政治教育效率、提升思想政治教育实效。然而，通过对思想政治教育宏观运行机制、微观应用模型与使用现状进行调研，发现思想政治教育大数据方法仍然面临着基础设施尚未建成、应用机制仍不完善、监管保障规范存在空白、价值引导与伦理规范有待明确等问题。需要在对思想政治教育大数据方法

的盲目崇拜中对其进行再评价，避免技术崇拜论等错误导向。

（一）坚持思想政治教育大数据方法微观应用与整体建设相结合

本书第一章提出：思想政治教育大数据方法是"基于思想政治教育认识、实施、评估等过程中产生的大量数据，通过对数据表征的分析、利用，实现对思想政治教育规律的把握从而实现思想政治教育科学化、精准化、高效化的手段或者路径。"然而，在学术讨论与实际应用中，思想政治教育大数据方法的指代并不清晰，常常与量化方法、信息化方法混为一谈。事实上，大数据方法是若干手段、路径的总称，常见的量化方法、信息化方法是大数据方法的初级阶段，目前绝大多数思想政治教育方法都处在这一阶段，尚未达到高效且充分地利用数据的阶段，思想政治教育大数据的数据库仍未建立，思想政治教育的数据采集面仍很有限，远未达到大数据方法所需要的"全数据"要求，而过量的数据需要考虑系统的承载能力。此外，大数据思想政治教育需要过硬的数据分析能力，目前思想政治教育队伍中熟练掌握数据的采集、分析和应用的人还不多，相关人员保障仍不完善。最后，大数据方法的普及应用对思想政治教育应用供给提出了很高要求，现有的教育数据产品很难满足多样化的思想政治教育场景需要。因此，虽然一些大数据方法在局部的思想政治教育场景中展示出小投入、高效率的方法特性，但这些应用仅局限在大数据方法的初级阶段——信息化应用层次，与设想的以数字化推进思想政治教育治理现代化、以海量资源推进思想政治教育个性化、以智能化推进思想政治教育实践智慧化仍有较大差距。

思想政治教育大数据方法的普及需要基础设施、监管机制、人才队伍、分析技术、应用产品的全面配套，美国的州级纵向数据系统自2007年开始筹划，至今仍在不断完善。我国的《关于推进教育新型基础设施建设构建高质量教育支撑体系的指导意见》也指出，到2025年仅是初步建成结构优化、集约高效、安全可靠的教育新型基础设施体系，此后仍然需要迭代升级、更新完善和持续建设。因此，思想政治教育大数据方法需要持续建设、久久为功，并非短期内可以实现。虽然在微观思想政治教育场景中大数据方法提升了思想政治教育效率、促进了思想政治教育实效，但长远来看，仍然要树立大数据方法需要长期发展、持续建设的科学观点，不因局部、短期显现的良好成效而过于乐观地估计大数据方法的发展速度，坚持以科学的方法论看待大数据方法，不断完善基础配套、提炼内在规律，促进思想政治教育大数据方法科学有效地稳步发展。

（二）坚持思想政治教育大数据方法工具本质与价值引领相统一

大数据、人工智能等技术的发展不仅展示了智能化、科技化的未来生活，也带来了"技术万能论"等观点。在当下的思想政治教育实践中，有部分观点过分夸大大数据等技术的作用，认为大数据将全面革新思想政治教育范式，甚至实现思想政治教育的全面自动化与程序化，存在"数据崇拜论"的不良导向。

思想政治教育的数据崇拜可以归纳为以下几种观点：一是夸大数据对人思想品德的表征能力，认为所有的内在思维活动均可以数据表征，即数据决定一切、数据表征一切。二是过分依赖数据，抛开思想政治教育的具体场景，刻板、生硬地解读数据、执行数据。三是在已经发生的数据分析下解读、预测思想政治教育规律，忽视了思想政治教育个体的发展性与可变性。四是忽视了大数据方法本身的技术偏向，数据的真实与否无从判断，算法的正义与否缺乏审查，技术本身的单向度如不加以平衡，将极易背离人的主体性这一思想政治教育的基本原则。①

大数据方法的盲目崇拜与思想政治教育的本质不符。提高人的思想政治素质、促进人的全面发展，是思想政治教育本质的体现，是所有思想政治教育活动的共同目的。② 思想政治教育促进人的全面发展的过程中，既包含了激发教育对象的主体性，促进其自我发展、自我实现，也包含教育者的主体性，即教育者通过与教育对象的交流、互动促进教育对象逐步形成与社会要求相适应的品质，从而实现其个人发展。思想政治教育是充分尊重教育对象差异性与教育者主观能动性的情感交融，闪烁着人的主体性光芒。若过分强调大数据方法在思想政治教育中的作用而忽视了人的主体性实现，就偏离了思想政治教育促进人的全面发展的根本目标。

大数据方法的盲目崇拜与思想政治教育的发展性特点不符。部分观点认为数据可以表征个体的所有特征，通过已有数据可以预测人的发展规律从而把握个体的发展节点。此种观点否定了人的发展性，必须在实践中加以警惕。

总体来看，大数据方法的发展应用既面临着基础设施、体制机制的现实问题，也面临着技术反噬人类的伦理危机。在思想政治教育实践中，要始终坚持大数据方法的工具性本质，将大数据视作开展思想政治教育的一种方法与工具，维护思想政治教育的主体性与价值引领功能；将大数据方法与一般思想政治教育方法相互融合、互为补充，发挥大数据方法现代化、信息化的方法优势，促进思想政治教育价值引领功能实现。

---

① 胡启明. 大数据视域下思想政治教育研究反思[J]. 思想理论教育，2020(04): 75-80.
② 陈万柏，张耀灿. 思想政治教育学原理[M]. 北京：高等教育出版社，2015: 55-56.

结语　以大数据方法促进思想政治教育立德树人实效增强

人类教育史经历了"从个别的原始教育走向个性的农耕教育""从个性的农耕教育走向班级授课式的规模化教育"和"从规模化走向分散化、生态化、生命化、网络化的个性教育"三次革命。① 党和国家敏锐地把握了信息技术革命引发的教育革新与思想政治教育变革需要,在党的十八大以后出台了多个重要文件、召开了多次重要会议,提出了新时代思想政治教育工作的新要求。总的来说,新时代,思想政治教育工作面临协同化发展、精细化导向、创新实践方法的发展趋势,面临着由软指标向硬约束转型的全新变化。

现有研究中已有不少以"思想政治教育大数据"为主题,但思想政治教育大数据究竟是什么,却鲜有人说得清。本书在前人研究基础上,利用文献法梳理了大数据的多种定义与理论依据,阐明了其数据集、技术、应用三个层面的内涵,指出思想政治教育大数据是开展思想政治教育实践的一种方法,以方法论视野解读思想政治教育大数据较为妥当。本书将思想政治教育大数据方法定义为:基于思想政治教育认识、实施、评估过程中产生的大量数据,通过对数据表征的分析利用而实现对思想政治教育事实规律的把握和表现,从而实现思想政治教育科学化、精准化、高效化的认知和实践方法。在深刻把握大数据方法的工具性和价值性本质的基础上,凝练了大数据方法的几个根本特征:以相关关系探寻规律、以数据形式表征规律、以全局视野把握变化、以不断发展实现改良。

本书归纳了思想政治教育大数据方法的时代背景,指出大数据方法既是新时代党和国家事业建设的需要,也是其自身科学化体系不断完善的结果,有其内在的科学逻辑。大数据方法是思想政治教育认知方法由对个别情况的经验性认知转向基于概率统计的规律性认知的进步,是从对线性的因果关系的追寻到对非线性的整体性视角的升级,对促进思想政治教育学科科学化、丰富思想政治教育方法体系、促进思想政治教育实效具有重要意义。

本书深化了思想政治教育大数据方法的学理基础,辨析了大数据方法的理论意义。从思想政治教育主客体关系看,大数据方法需要进一步调适大数据时代的主体际关系;从思想政治教育矛盾与规律看,大数据方法的矛盾表现为思想品德的难测性与大数据方法有限性等矛盾;从思想政治教育主体客体对立统一看,大数据方法以高度抽象的数据化表达深化了对思想政治教育规律的把握,从而促进了主客体的有机统一。

本书描绘了大数据方法在思想政治教育实践中的应用情况,构建了智慧管理模型、数据化决策模型、舆情监测自动化模型、适应性教育模型、科学评价模型等五大应用模型,以思想政治教育实践中的具体案例示例了大数据方法的基本应用。通过模型建构,总结出大数据方法对思想政治教育的三种主要影响:推进了教育治理现代化、思想政治教育个性

---

①姜强,赵蔚,李松,等. 个性化自适应学习研究:大数据时代数字化学习的新常态[J]. 中国电化教育,2016（02）：25－32.

化与思想政治教育实践智慧化。

利用深度访谈、问卷调查等方法，本书展现了大数据方法在思想政治教育实践中的具体应用：大数据方法主要以第三方服务商提供综合服务平台等信息化服务的形式存在，在大量数据应用、思想政治教育规律探寻、思想政治教育趋势评价等大数据层面的应用仍然较少。大数据方法在思想政治教育实践中的应用还不够广泛，发挥的作用有限。究其原因，一方面是一线思想政治教育工作者的大数据技能不足，缺乏开发、使用大数据相关应用的能力；另一方面是学生工作部等思想政治教育工作主管部门推进动力和意愿不足，思想政治教育相关部门的协作有待提升，思想政治教育机制中的数据共享、部门协作机制仍未建立，大数据方法的广泛应用仍然缺乏统一规划的顶层设计，数据孤岛现象仍然普遍存在。

在剖析了阻碍大数据方法发展的现实困境的基础上，本书对大数据方法的未来发展方向作出展望：提出了以外显行为间接量化思想品德的方法，建立大数据方法下高校学生思想政治水平评价体系及辅导员评价体系；在《个人信息保护法》等数据使用规范的指导下，明确了思想政治教育数据的保护原则，提出思想政治教育数据分级规范与建议；建议高校在思想政治教育大数据方法应用中以一体化的思想政治教育机制为契机，规避算法风险，建立大数据算法监督机制，实现大数据算法育人。

笔者从事一线思想政治教育工作近10年，自党的十八大以来，在实践工作中充分意识到了党和国家对思想政治教育工作要与信息技术相结合，革新工作方法、提升教育实效的要求。近年来，学界和业界对大数据思想政治教育相关话题的讨论日趋热烈，如大数据方法给思想政治教育工作带来的实效提升、个性发展等重要革新。然而在实践工作中，如果要形容思想政治教育大数据方法的应用现状，笔者认为是"看上去很美"——与欢欣鼓舞的前景展望形成鲜明对比的是，基层思想政治教育工作者因信息化手段不完善而导致的大量重复劳动、思想政治教育评价缺乏明确标准而导致的实效不够、各个时代建立的各类信息系统间的数据孤岛、一线思想政治教育工作者面对大数据浪潮时的技术缺乏……大数据方法在给思想政治教育工作的实效提升提供重要助力的同时，也对思想政治教育工作者在大数据时代的治理能力提出了更高要求。

当下我国正面临着向实现第二个百年奋斗目标不断迈进的新征程，世界正面临着百年未有之大变局，国内社会也在价值多元等思潮影响下深刻变化，思想政治教育工作面临着从完成到实效的全新要求，既要深刻把握大数据等信息技术发展的内在认知逻辑，注重利用全新的复杂性问题视角以量化方式提升思想政治教育方法的科学性，促进学科方法不断科学化，也要把握思想政治教育过程中"人"的主体性，避免技术成为人的主宰等异化现象。思想政治教育大数据方法的应用是思想政治教育学科与智慧教育等信息技术接轨的全新尝试，是促进思想政治教育学科科学化、提升思想政治教育工作实效的必然要求。

诚然，思想政治教育大数据方法的实际应用与理论设想之间仍有一定差距，思想政治教育者的大数据技术能力仍需提高，但大数据方法的广阔前景已经激发了思想政治教育工作者拥抱技术、利用数据、拓展能力的极大热情。当思想政治教育者普遍掌握大数据技术，思想政治教育学科与大数据深度接轨，大数据方法应用下的思想政治教育将呈现出大数据信息技术与思想政治教育全面深度融合的智慧教育新模式。

首先，思想政治教育将呈现人机协同教育模式。手机、笔记本电脑、智慧教育设备终端将成为采集思想政治教育数据、分析思想政治教育策略、输出思想政治教育信息的重要渠道，教师等思想政治教育主体在各类智慧硬件的辅助下，实现思想政治教育信息搜集、输入、分析、输出的一体化模式，在人机协同下形成全过程、全方位、线上线下、真实与虚拟结合的思想政治育人环境。

其次，思想政治教育将呈现个性精准育人模式。在思想政治教育对象生活学习各类数据都得以充分有序收集和思想政治教育资源数据化的基础上，大数据高效的分析计算能力使精准匹配教育资源成为可能，教育主体能依据教育对象的思想政治认知水平、发展阶段以及个人的兴趣爱好等，借助技术辅助精准地推送思想政治教育资源。教育的认知边界不断被扩展，思想政治教育从原有的灌输模式为主向以生为本的个性精准育人模式转变。

最后，大数据方法将助力思想政治教育呈现师生共进、自由发展的素质教育模式。大数据方法在思想政治教育中的应用，不但促进了学生思想品德的提升，也对教师提升专业素养、获取教育资源起到了极大帮助。多元评价方式的应用使得教师可以依据数据反馈实时获知教育效果，并利用大量资源不断丰富提升自身教育效能，另外还可以引导教师向过程性、多元性、成效性教学目标转变；学生则在更科学合理的评价体系中充分发挥个体主观能动性，以数据为中介，不断与教师良性互动，共同进步。大数据将成为师生互助、共同进步的重要纽带，把师生联结成思想政治教育过程中的共同体，一同促进思想政治教育实效的提升。

主要参考文献

一、学术著作

[1] 列宁. 列宁全集：第 55 卷[M]. 北京：人民出版社，2017.

[2] 列宁. 黑格尔《逻辑学》一书摘要[M]. 北京：人民出版社，1965.

[3] 中共中央马克思恩格斯列宁斯大林著作编译局. 马克思恩格斯选集：第 3 卷[M]. 北京：人民出版社，2012.

[4] 中共中央马克思恩格斯列宁斯大林著作编译局. 马克思恩格斯选集：第 4 卷[M]. 北京：人民出版社，2014.

[5] 中共中央马克思恩格斯列宁斯大林著作编译局. 马克思恩格斯全集：第 20 卷[M]. 北京：人民出版社，1971.

[6] 毛泽东. 毛泽东选集：第 1 卷[M]. 北京：人民出版社，1991.

[7] 中共中央文献研究室. 习近平总书记重要讲话文章选编[M]. 北京：中央文献出版社，2016.

[8] 习近平. 在网络安全和信息化工作座谈会上的讲话[M]. 北京：人民出版社，2016.

[9] 教育部课题组. 深入学习习近平关于教育的重要论述[M]. 北京：人民出版社，2019.

[10] 欧阳康. 哲学研究方法论[M]. 武汉：武汉大学出版社，1998.

[11] 陶德麟. 实践与真理：认识论研究[M]. 北京：人民出版社，2017.

[12] 管云波. 知识表征的哲学研究：从个体认知到社会呈现[M]. 北京：科学出版社，2020.

[13] 夏甄陶. 认识发生论[M]. 北京：人民出版社，1991.

[14] 教育部思想政治工作司. 思想政治教育原理与方法[M]. 北京：高等教育出版社，2020.

[15] 张洪华，杨亚平. 思想政治工作方法纵横谈[M]. 北京：国防大学出版社，1991.

[16] 王玄武. 思想政治教育方法论[M]. 武汉：武汉大学出版社，1985.

[17] 祖嘉合. 思想政治教育方法教程[M]. 北京：北京大学出版社，2004.

[18] 教育部社会科学研究与思想政治工作司. 思想政治教育方法论[M]. 北京：高等教育出版社，1999.

[19] 万美容. 思想政治教育方法发展研究[M]. 北京：中国社会科学出版社，2007.

[20] 邹邵清. 当代思想政治教育方法论发展研究[M]. 北京：人民出版社，2013.

[21] 冯刚. 改革开放以来高校思想政治教育发展史[M]. 北京：人民出版社，2018.

[22] 冯刚，郑永廷. 思想政治教育学科 30 年发展研究报告[M]. 北京：光明日报出版社，2014.

[23] 沈壮海. 思想政治教育有效性研究[M]. 武汉：武汉大学出版社，2016.

[24] 檀传宝. 学校道德教育原理[M]. 北京：教育科学出版社，2000.

[25] 张耀灿，郑永廷，吴潜涛，等. 现代思想政治教育学[M]. 北京：人民出版社，2006.

[26] 陈万柏，张耀灿. 思想政治教育学原理[M]. 北京：高等教育出版社，2015.

[27] 杨建军. 科学研究方法概论[M]. 北京：国防工业出版社，2006.

[28] 倪志安. 马克思主义哲学方法论研究[M]. 北京：人民出版社，2007.

[29] 陈寿灿. 方法论导论[M]. 大连：东北财经大学出版社，2007.

[30] 林夏水. 数学哲学译文集[M]. 北京：知识出版社，1986.

[31] 刘伟伟. 大数据思维的相关哲学问题研究[M]. 北京：科学出版社，2021.

[32] 林夏水. 数学哲学[M]. 北京：商务印书馆，2003.

[33] 杨现民，田雪松. 中国基础教育大数据[M]. 北京：中国工信出版社，2016.

[34] 陈万柏,张耀灿.思想政治教育学原理[M].北京:高等教育出版社,2015.

[35] 施聪莺,徐朝军.教育大数据:理论与实践[M].南京:南京师范大学出版社,2019.

[36] 冯刚.高校思想政治教育工作质量评价研究[M].北京:人民出版社,2019.

[37] 胡中锋.教育评价学[M].北京:中国人民大学出版社,2013.

[38] 李建伟.大数据导论[M].北京:北京邮电大学出版社,2013.

[39] 卢保娣.大数据时代高校教育管理及其信息化建设[M].长春:吉林大学出版社,2021.

[40] 李君亮.大数据技术哲学分析[M].北京:光明日报出版社,2021.

[41] 浙江省教育厅教研室.大数据时代精准教学的探索与实践[M].杭州:浙江教育出版社,2021.

[42] 董春雨,薛永红.大数据哲学:从机器崛起到认识方法的变革[M].北京:社会科学出版社,2021.

[43] 何明,何红悦,禹明刚.大数据思维与创新应用[M].北京:电子工业出版社,2020.

[44] 詹春青.基于学习数据的适应性教学模式在薄弱学校的应用研究[M].广州:广东教育出版社,2021.

[45] 张家华,黄森,缪佳佳.数据驱动的学习分析与适应性干预[M].北京:科学出版社,2021.

[46] 何曙光.数据驱动教育评价变革:上海市闵行区学校绩效评价变革研究[M].上海:上海教育出版社,2020.

[47] 赵慧勤,等.数据驱动的教育研究[M].北京:电子工业出版社,2020.

[48] 刘川生.大学生思想政治教育实效性研究[M].北京:北京师范大学出版社,2009.

[49] 胡琳,葛俊杰.创新大学生思想政治教育实效性研究[M].北京:中央文献出版社,2008.

[50] 龚海泉.当代大学生德育史论[M].武汉:华中师范大学出版社,1997.

[51] 冯刚.思想政治教育研究热点年度发布(2020)[M].北京:团结出版社,2021.

[52] 李伦.人工智能与大数据伦理[M].北京:科学出版社,2018.

[53] 李伦.数据伦理与算法伦理[M].北京:科学出版社,2019.

[54] 王敏.大数据时代个人隐私的分级保护研究[M].北京:社会科学文献出版社,2018.

[55] 管云波.知识表征的哲学研究:从个体认知到社会呈现[M].北京:科学出版社,2020.

[56] 陈金龙.近代中国社会思潮与马克思主义中国化[M].北京:人民出版社,2013.

[57] 陈金龙,李张容,关锋.广东高校实践育人工作研究[M].广州:广东高等教育出版社,2019.

[58] 规划编制专家组.教育信息化十年发展规划(2011—2020年)解读[M].北京:人民教育出版社,2012.

[59] 深化新时代教育评价改革总体方案[M].北京:人民出版社,2020.

[60] 培根.新工具[M].许宝骙,译.北京:商务印书馆,1984.

[61] 博厄斯.原始人的心智[M].王星,译.北京:国际文化出版公司,1989.

[62] 迪尔凯姆.社会学方法论[M].胡伟,译.北京:华夏出版社,1988.

[63] 豪威尔.方法论哲学导论[M].宋尚玮,译.北京:科学出版社,2019.

[64] 舍恩伯格.大数据时代:生活、工作与思维的大变革[M].盛杨燕,周涛,译.杭州:浙江人民出版社,2013.

[65] 卢德洛芙.大数据与隐私[M].赵亮,武青,译.沈阳:东北大学出版社,2016.

[66] VAN WYNSBERGHE R, CHRISTOPHER HERMAN A. Adaptive Education: An Inquiry–Based Institution[M]. University of Toronto Press, 2016.

[67] Jackson, Sharnell S. Transforming Teaching and Learning Through Data–Driven Decision Making[M]. Corwin Press, 2012.

[68] Preuss, Paul G. Data–Driven Decision Making and Dynamic Planning: A School Leader's Guide[M]. Eye On Education Press, 2008.

二、政策文件

[1] 中共中央、国务院. 关于加强和改进新形势下高校思想政治工作的意见, 中发〔2016〕31号文.

[2] 教育部党组. 中共教育部党组关于印发《高校思想政治工作质量提升工程实施纲要的通知》, 教党〔2017〕62号文.

[3] 教育部党组. 中共教育部党组关于认真学习贯彻全国教育大会精神的通知, 教党〔2018〕50号文.

[4] 教育部等八部门. 教育部等八部门关于加快构建高校思想政治工作体系的意见, 教思政〔2020〕1号文.

[5] 国务院. 国务院关于印发促进大数据发展行动纲要的通知, 国发〔2015〕50号文.

[6] 国务院. 国务院关于印发新一代人工智能发展规划的通知, 国发〔2017〕35号文.

[7] 习近平在全国高校思想政治工作会议上强调：把思想政治工作贯穿教育教学全过程,开创我国高等教育事业发展新局面[N]. 人民日报: 2016-12-09.

三、学术论文

[1] 朱扬勇, 熊赟. 大数据是数据、技术,还是应用[J]. 大数据, 2015, 1(01): 78-88.

[2] 万美容. 论信息社会与思想政治教育方法的现代化[J]. 思想政治教育研究, 2008, 24(06): 9-13.

[3] 张国启, 王忠桥. 新时期思想政治教育方法创新的理路分析[J]. 学校党建与思想教育, 2010(08): 8-11.

[4] 万美容, 洪星. 思想政治教育方法论研究：回顾与反思[J]. 思想理论教育, 2014(11): 38-42.

[5] 胡子祥, 余姣. 大数据时代思想政治教育载体变革及对策研究[J]. 思想教育研究, 2015(02): 74-77.

[6] 刘辉. 大数据时代思想政治教育的微传播化[J]. 思想理论教育, 2014(06): 81-85.

[7] 张跃聪. 大数据时代高校思想政治工作者主体行为探究[J]. 思想教育研究, 2014(12): 68-72.

[8] 李怀杰, 夏虎. 大数据时代高校思想政治教育模式创新探究[J]. 思想教育研究, 2015(05): 48-51.

[9] 蒲清平, 朱丽萍, 赵楠. 大数据思想政治教育研究综述[J]. 思想教育研究, 2016(03): 119-123.

[10] 张进良, 李保臻. 大数据背景下教师数据素养的内涵、价值与发展路径[J]. 电化教育研究, 2015, 36(07): 14-19, 34.

[11] 王林毅, 于巧娥. 基于大数据的教学模式探析[J]. 教育评论, 2015(05): 114-116.

[12] 胡树祥, 谢玉进. 大数据时代的网络思想政治教育[J]. 思想教育研究, 2013(06): 60-62, 102.

[13] 佘双好. 思想政治教育的科学研究现状、特点及发展趋势探析[J]. 思想理论教育导刊, 2009(10): 83-89.

[14] 杨晓慧. 中国70年思想政治教育科学化发展[J]. 社会科学战线, 2019(10): 1-8.

[15] 佘双好. 思想政治教育的科学研究现状、特点及发展趋势探析[J]. 思想理论教育导刊, 2009(10): 83-89.

[16] 孟小峰, 慈祥. 大数据管理：概念、技术与挑战[J]. 计算机研究与发展, 2013, 50(01): 146-169.

[17] 李国杰, 程学旗. 大数据研究：未来科技及经济社会发展的重大战略领域：大数据的研究现状与科学思考[J]. 中国科学院院刊, 2012, 27(06): 647-657.

[18] 林夏水. 论数学的本质[J]. 哲学研究, 2000(09): 66-71.

[19] 苗东升. 复杂性研究的现状与展望[J]. 系统辩证学学报, 2001(04): 3-9.

[20] 刘劲杨. 论整体论与还原论之争[J]. 中国人民大学学报, 2014, 28(03): 63-71.

[21] 周晓亮. 西方近代认识论论纲：理性主义与经验主义[J]. 哲学研究, 2003(10): 48-53, 97.

[22] 鲁克俭. 马克思实证方法与孔德实证主义关系初探[J]. 社会科学, 1999(04): 38-40, 23.

[23] 沃野. 诠释学方法论的昨天和今天[J]. 学术研究, 1999(01): 21-26.

[24] 徐鹏,王以宁,刘艳华,等.大数据视角分析学习变革:美国《通过教育数据挖掘和学习分析促进教与学》报告解读及启示[J].远程教育杂志,2013,31(06):11-17.

[25] 牟智佳,俞显,武法提.国际教育数据挖掘研究现状的可视化分析:热点与趋势[J].电化教育研究,2017,38(04):108-114.

[26] 李新,杨现民.教育数据思维的内涵、构成与培养路径[J].现代远程教育研究,2019,31(06):61-67.

[27] 张瑜.近10年来思想政治教育研究方法的新进展[J].思想教育研究,2019(05):34-39.

[28] 杨国立,谢萍.大数据时代的人文社会科学研究路径[J].图书情报研究,2016,9(04):3-8.

[29] 何齐宗.当代教育的理性主义倾向评析[J].中国教育学刊,2002(05):18-20.

[30] 崔强,孙智妍.大数据在推动高校思想政治教育质量提升中的运用:以大连理工大学学业预警模型为例[J].高校辅导员学刊,2019,11(05):36-40.

[31] 顾小清,薛耀锋,孙妍妍.大数据时代的教育决策研究:数据的力量与模拟的优势[J].中国电化教育,2016(01):56-62.

[32] 姜强,赵蔚,李松,等.个性化自适应学习研究:大数据时代数字化学习的新常态[J].中国电化教育,2016(02):25-32.

[33] 褚宏启.教育治理:以共治求善治[J].教育研究,2014,35(10):4-11.

[34] 唐斌.近年来思想政治教育学主客体研究的争鸣及评析[J].思想政治教育研究,2016,32(01):41-44.

[35] 赵建超.大数据时代高校隐性思想政治教育的实践思维创新[J].思想教育研究,2021(04):36-40.

[36] 姚松.大数据时代教育治理转型的前瞻性分析:机遇、挑战及演进逻辑[J].现代远程教育研究,2016(04):32-41.

[37] 梁家峰,亓振华.适应与创新:大数据时代的高校思想政治教育工作[J].思想教育研究,2013(06):63-67.

[38] 黄欣荣.大数据对思想政治教育方法论的变革[J].江西财经大学学报,2015(03):94-101.

[39] 高盛楠,吴满意.试论高校思想政治教育的数据化转型[J].思想教育研究,2021(09):29-35.

[40] 吴满意,王丽鸽.新时代思想政治教育的创新发展需要处理好六大关系[J].中国高等教育,2020(06):7-8.

[41] 张世昌.大数据的意识形态性论析[J].科学社会主义,2021(02):70-76.

[42] 吴维宁.过程性评价的理念与方法[J].课程.教材.教法,2006(06):18-22.

[43] 贺莉,陆根书.教师教学组织策略及其对教学效果的影响:以高校思想政治理论课为例[J].复旦教育论坛,2016,14(06):28-34.

[44] 冯刚.互联网思维与思想政治教育创新发展[J].学校党建与思想教育,2018(03):4-8.

[45] 胡纵宇,黄丽亚.大数据时代大学生思想政治教育面临的问题及应对[J].学校党建与思想教育,2014(13):64-66.

[46] 王健,郑旭东.新时代信息化促进高校思想政治教育的思路、框架与建议[J].电化教育研究,2022,43(01):100-105.

[47] 陆明.教育信息化2.0时代高校思想政治教育改革创新发展研究[J].中国电化教育,2020(11):134-139.

[48] 易果平,郭刚奇.信息化时代高校思想政治教育创新研究[J].学校党建与思想教育,2011(26):42-43.

[49] 陈昌凤,袁雨晴.社交机器人的"计算宣传"特征和模式研究:以中国新冠疫苗的议题参与为例[J].新闻与写作,2021,(11):77-88.

[50] 林凡,林爱珺. 打开算法黑箱:建构"人—机协同"的新闻伦理机制:基于行动者网络理论的研究[J]. 当代传播,2022(01):51-55.

[51] 王学俭,王瑞芳. 大数据时代高校思想政治教育的创新发展[J]. 思想政治教育研究,2016,32(03):105-110.

[52] 张耀灿,钱广荣. 思想政治教育研究范式论纲:思想政治教育研究方法的基本问题[J]. 思想教育研究,2014(07):3-9.

[53] 祖嘉合. 思想政治教育方法理论研究回眸与展望[J]. 思想教育研究,2008(12):3-7.

[54] 张一苇,赵野田. 实证还是非实证:论思想政治教育研究方法的选择与运用[J]. 思想教育研究,2018(05):32-36.

[55] 虞滢,金林南. 从方法到方法论:思想政治教育学科方法论研究分析[J]. 思想教育研究,2016(05):22-25.

[56] 单文鹏. 关于思想政治教育学科研究方法深化发展的思考[J]. 思想教育研究,2020(01):46-51.

[57] 刘辉. 高校思想政治教育应用大数据的现实困境与诉求[J]. 思想理论教育,2015(09):60-65.

[58] 王莎,杨扬,杨航. 大数据思想政治教育研究述评[J]. 大学教育科学,2015(03):112-117.

[59] 张晋龙. 思想政治教育动力问题研究综述[J]. 继续教育研究,2019(04):78-82.

[60] 任萍萍,李鑫. 循证教育研究:缘起、困境、体系框架与实施建议[J]. 中国电化教育,2021(12):33-39.

[61] 毕红梅,欧玲. "新时代思想政治教育基础理论创新论坛"会议综述[J]. 学校党建与思想教育,2019(08):95-96.

[62] 杨增崟. 思想政治教育学原理研究的回顾与思考[J]. 思想政治教育研究,2011,27(05):40-44.

[63] 张澍军. 试论思想政治教育学科前沿的若干重大问题[J]. 马克思主义研究,2011(01):128-135.

[64] 陈义平. 思想政治教育学原理理论体系建构的若干问题探析[J]. 思想政治教育研究,2010,26(05):12-17.

[65] 金鑫,张耀灿. 论新时期思想政治教育方法的创新与发展[J]. 思想教育研究,2009(06):17-20.

[66] 张耀灿,钱广荣. 思想政治教育研究范式论纲:思想政治教育研究方法的基本问题[J]. 思想教育研究,2014(07):3-9.

[67] 万美容. 论思想政治教育方法的融合发展[J]. 思想教育研究,2008(02):9-12.

[68] 冯益谦. 中美大学思想政治教育方法比较研究[J]. 思想教育研究,2007(01):36-39.

[69] 赵浚. 大数据创新高校思想政治教育方法的探析与应用[J]. 贵州社会科学,2016(03):120-123.

[70] 张毅翔. 思想政治教育方法创新研究综述[J]. 思想政治教育研究,2007(04):23-26.

[71] 陈静. 习近平思想政治教育方法的辩证维度[J]. 思想教育研究,2017(10):36-39.

[72] 任志锋,杨晓慧. 大学生思想政治教育方法模式转换的历史轨迹与发展趋势[J]. 思想教育研究,2012(07):64-68.

[73] 杨直凡,胡树祥. 二十年来网络思想政治教育方法的发展历程[J]. 思想教育研究,2015(04):70-73.

[74] 李琰,杨威. 十八大以来网络思想政治教育过程研究述论[J]. 江西师范大学学报(哲学社会科学版),2021,54(03):81-88.

[75] 田锋,缪听雨. 论数据拜物教的生成路径与祛魅之道[J]. 江西师范大学学报(哲学社会科学版),2021,54(02):120-126.

[76] 谭海萍,李子建,邱德峰. 大数据时代高等教育学生学习与核心素养:展望与挑战[J]. 江西师范大学学报(哲学社会科学版),2019,52(04):15-20.

[77] 李晓虹. 新媒体环境下大学生思想政治教育实效性研究[D]. 大连:大连理工大学,2016.

[78] 彭嘉琪. 大数据时代思想政治教育定量分析方法创新研究[D]. 武汉:华中师范大学,2020.

[79] 谢继华.大数据视阈下高校网络思想政治教育创新研究[D].成都:电子科技大学,2018.
[80] 邓晶艳.基于大数据的大学生日常思想政治教育创新研究[D].贵阳:贵州师范大学,2021.
[81] 吴镇聪.大数据时代大学生思想政治教育个性化研究[D].福州:福建师范大学,2017.
[82] 王盛辉.马克思"自由个性"思想的历史生成[D].济南:山东师范大学,2009.
[83] 阿剑波.思想政治教育现代化发展研究[D].兰州:兰州大学,2020.
[84] 张微.心理学视域下的思想政治教育方法论研究[D].哈尔滨:哈尔滨工程大学,2015.
[85] 雷儒金.高校思想政治理论课教学方法改革研究[D].武汉:武汉大学,2012.

附录 受访者个人及工作情况表与访谈提纲

一、受访者个人及工作情况表

受访者个人及工作情况表

编码	工作单位	工作岗位	教育程度	职称	工作年限
A1	华南师范大学	辅导员	博士在读	讲师	7年
A2	华南师范大学	辅导员	硕士研究生	助教	3年
A3	暨南大学	辅导员	硕士研究生	讲师	8年
A4	广州民航职业技术学院	辅导员	博士在读	讲师	10年
A5	广东外语外贸大学	辅导员	硕士研究生	讲师	5年
A6	华南师范大学	副书记	博士在读	讲师	21年
A7	广州医科大学	书记，原学生工作部副部长	硕士研究生	副研究员	20年
A8	华南师范大学	高校学生综合服务平台开发者	博士在读	讲师	21年

二、访谈提纲

（一）辅导员

1. 党的十八大以来，党和国家对思想政治教育工作提出了新要求，如三全育人、深化教育体制改革、教育评价改革等，您的工作中哪些举措呼应了党和国家的整体要求，有什么新的工作方法？
2. 您在日常工作中运用了哪些大数据手段？
3. 如果要给目前的大数据应用水平打分，按5分计分法，您打几分？
4. 您在思想政治教育实践中的大数据应用实践中遇到了哪些障碍？
5. 您觉得大数据会是一个趋势吗？大数据的广泛应用需要哪些保障措施？

（二）思想政治教育管理者

1. 党的十八大以来，党和国家对思想政治教育工作提出了新要求，如三全育人、深化教育体制改革、教育评价改革等，作为思想政治教育管理者，您所在单位的学生工作整体设计怎样落实新时代思想政治教育的新要求？
2. 您所在单位思想政治教育工作的信息化水平可以满足实际要求吗？有没有应用大数据方法的实际案例？
3. 您觉得大数据思想政治教育是未来思想政治教育的发展方向吗？
4. 如果要给目前的大数据应用水平打分，按5分计分法，您打几分？
5. 您在思想政治教育大数据的推进过程中遇到了哪些困难，如何解决？

(三)学生管理信息系统开发者

1. 作为思想政治教育管理信息化、数字化的推进者,您觉得思想政治教育大数据经历了哪几个发展阶段,未来您的综合服务平台会朝着什么方向和目标发展,将会实现哪些功能?指导理念是什么?

2. 您觉得信息化、数字化、数据化有什么区别?

3. 党的十八大以来,党和国家对思想政治教育工作提出了新要求,如三全育人、深化教育体制改革、教育评价改革等,您的综合服务平台有哪些方向或设计呼应了党和国家的整体要求?

4. 如果让您给目前学校思想政治教育工作的信息化水平打分,1~5分,您选几分?

5. 您觉得目前学校思想政治教育工作大数据应用有什么不足?

6. 在推进思想政治教育工作信息化的过程中您遇到过哪些障碍?

7. 推进高校思政工作数据化的数据来源渠道有哪些?

8. 如何解决思想政治教育大数据的数据孤岛问题?

9. 实现思想政治教育大数据方法的充分应用需要哪些保障?